Himmel, Hölle, Fegefeuer – Was kommt nach dem Tod?

Unserem Vater,
der während der Entstehungszeit
dieses Buches verstorben ist.
Was er nun wohl zu all diesen Fragen
sagen würde?

Frank Buskotte

Himmel, Hölle, Fegefeuer – Was kommt nach dem Tod?

Unter Mitarbeit von Martin Splett

Patmos Verlag

VERLAGSGRUPPE PATMOS

PATMOS
ESCHBACH
GRÜNEWALD
THORBECKE
SCHWABEN
VER SACRUM

Die Verlagsgruppe
mit Sinn für das Leben

Für die Verlagsgruppe Patmos ist Nachhaltigkeit ein wichtiger Maßstab ihres Handelns. Wir achten daher auf den Einsatz umweltschonender Ressourcen und Materialien.

Verlagsgruppe Patmos in der Schwabenverlag AG, Ostfildern
www.patmos.de

Umschlaggestaltung: Finken & Bumiller, Stuttgart
Umschlagabbildung: © fran_kie / shutterstock.com
Gestaltung, Satz und Repro: Schwabenverlag AG, Ostfildern
Druck: Finidr s.r.o., Český Těšín
Hergestellt in Tschechien
ISBN 978-3-8436-1336-1

Inhalt

Vorwort

Das Schreiben ist meine Sache eigentlich nicht. Eher spreche ich über diese Dinge, diese letzten Dinge. Dass es nun doch die Möglichkeit gibt, mich in Form eines Buches mit Fragen zu beschäftigen, die es sich rechtzeitig zu stellen lohnt, verdanke ich einer Vielzahl von Menschen. Zunächst sind da ungezählte Teilnehmende von Bildungsveranstaltungen, die sich zusammen mit mir dieser Thematik gewidmet haben. Dann ist da der Buchhändler Matthias Zumbrägel, der mich – nach dem vielen Reden – dazu ermutigte, auch zu schreiben. Dann ist da meine Schwester Andrea Buskotte, die sich meinen Schreibversuchen kritisch angenommen und sich damit sehr um die Verstehbarkeit verdient gemacht hat. Und schließlich ist da mein Kollege Martin Splett, der mit seinen Denkanstößen eine Leerstelle des Buches schließt, die Sie ohne seinen Beitrag am Ende vielleicht moniert hätten. Ihnen allen möchte ich herzlich danken!

Einleitung: Von Bildern und vom Beten – erste Vorstellung(en)

Wenn Sie schon einmal in Rom waren, haben Sie gewiss auch den Vatikan mit dem Petersdom besucht. Vielleicht führte Ihr Weg sogar durch die opulenten Säle der Vatikanischen Museen. Am Ende eines solchen Erlebnisses überbordender kunsthistorischer Schätze gelangen Sie in die Sixtinische Kapelle. Dieser Ort ist ein Highlight der Extraklasse. Dort finden sich einige der berühmtesten Malereien der Christenheit. Ein besonderer Blickfang ist die Stirnwand über dem Altar. Das Fresko – geschaffen in der ersten Hälfte des 16. Jahrhunderts vom genialen Renaissance-Künstler Michelangelo – beherbergt fast 400 Personen auf mehr als 200 Quadratmetern. Die beeindruckende Szenerie hat etwas von einem Wimmelbild; es gibt extrem viel zu sehen und man entdeckt selbst bei wiederholter Betrachtung beständig neue Details. Fast verliert man ein wenig den Überblick und es ist keineswegs selbstverständlich, den Aufbau des imposanten Kunstwerks sofort zu erfassen. Thema dieses Wandgemäldes ist „Das Jüngste Gericht".

Im Zentrum steht überlebensgroß Christus, der Weltenrichter, der mit starken Armen das Geschehen beherrscht und die Richtung weist. Die Seligen dürfen nach oben gen Himmel, die Verdammten sinken herab Richtung Hölle. Ihren feurig heiß lodernden Eingang findet der Betrachter rechts unten. Dort ringsum ist das

Gebiet bevölkert von allerlei monströsen Wesen, die die armen Seelen in Empfang nehmen und sogleich beginnen, sie zu quälen. Furcht und Entsetzen sehen wir in den Gesichtern der Verdammten, die im Gericht nicht bestehen konnten.

Die Sixtinische Kapelle ist ein ausgesprochen bedeutsamer Ort für die katholische Kirche. Hier findet das Konklave, die hermetisch abgeschirmte Papstwahl durch das Kardinalskollegium statt. Die Kardinäle treffen ihre Entscheidung über den Nachfolger Petri angesichts der Mahnung einer göttlichen Gerichtsbarkeit, die keine Immunität von kirchlichen oder auch weltlichen Amtsinhabern kennt. Noch drastischer als bei Michelangelo wird dies bei Stefan Lochners „Jüngstem Gericht“ deutlich, das im Kölner Wallraf-Richartz-Museum ausgestellt ist. Der Künstler platziert sämtliche hohe Würdenträger in die Zonen des Bildes, die in den Machtbereich des Teufels führen. Ein diabolischer Geselle schleift dort rücklings an den Beinen einen Sünder weg, der mit seinem roten Hut als Kardinal zu erkennen ist. Und nicht weit davon entfernt, starren König, Bischof und Papst mit Krone, Mitra und Tiara auf dem Haupt einem dämonischen Wesen entgegen, das nunmehr das Urteil über diese Sünder vollstrecken wird – ewige Höllenqualen.

Solche Bilder prägten die Vorstellungen der Christen vergangener Jahrhunderte tief und nachhaltig. Verbunden mit muttersprachlichen Höllenpredigten von den Kanzeln der Kirchen haben diese Bilder ihre Wirkung nicht verfehlt. Das Evangelium, die „Frohbotschaft“ vom Anbruch des Reichs Gottes, wurde zur „Drohbotschaft“, die die Menschen nicht selten mehr geängstigt hat, als sie mit Hoffnung zu erfüllen. Wir werden im Verlauf des Buches auf diese Bilder zurückkommen.

Vorstellungen über das, was nach dem Ende des irdischen Lebens kommt, werden nicht nur über Bilder oder Predigten vermittelt. Gebetssprache ist dafür ebenfalls eine Art Spiegel. In meiner Familie haben wir für die unterschiedliche Fragen, Situationen und Herausforde-

rungen des Lebens verschiedene Gebete gelernt, z. B. das folgende, das im deutschsprachigen Raum durchaus verbreitet ist:

„Lieber Heiland sei so gut,
lasse doch Dein teures Blut
in das Fegefeuer fließen,
wo die armen Seelen büßen.
Ach, sie leiden große Pein,
wollest ihnen gnädig sein!
Höre das Gebet der Deinen,
die sich alle hier vereinen:
Nimm die armen Seelen doch
heute in den Himmel noch!
Amen.“

So bekannt dieses Gebet auch ist – zumindest bei älteren Generationen –, ist es offenbar in den vergangenen Jahrzehnten außer Gebrauch gekommen. Vielleicht bringt es für viele Christen Jenseitsvorstellungen unserer Zeit nicht mehr adäquat zum Ausdruck. Ich selbst bin Jahrgang 1973. Meine ältere Großmutter ist 1982 gestorben. Sie war damals 92 Jahre alt, was zu dieser Zeit verhältnismäßig wenigen Menschen vergönnt war. Ihr Tod kam nicht überraschend und unsere Eltern haben uns den Verlust unserer lieben Oma gedeutet mit Worten wie: „Oma ist jetzt im Himmel, bei Gott. Sie ist erlöst und im Himmel ist alles wunderbar." Gebetet haben wir aber die gerade oben zitierten Worte. Eine solche Situation – beruhigende Deutungsworte der Eltern einerseits und das Gebet andererseits – kann man wohl kognitive Dissonanz nennen. Was stimmt nun? Ist mit Oma alles in Ordnung oder muss man sich vielleicht doch noch Sorgen machen? Jedenfalls ist das Gebet nur sehr begrenzt in der Lage, Hoffnung und Zuversicht beim Beter auszulösen. Wir werden im Verlauf des Buches auch auf das Gebet zurückkommen.

Dieses Buch ist eine Frucht theologischer Bildungsarbeit. Interessanterweise ist das Thema „Himmel – Hölle – Fegefeuer" so etwas wie ein Dauerbrenner. Man könnte auch sagen: Es ist nicht totzukriegen. Obwohl die eben angedeutete Vorstellungswelt über die letzten Dinge, die Bilder in unseren Köpfen, die zum Traditionsgut unseres Glaubens gehören, nicht sonderlich sympathisch sind, beschäftigt uns die Frage, ob da nach dem Tod noch etwas kommt. Es lohnt sich, die letzten Fragen nicht zu spät zu stellen. Es geht nämlich nicht nur um die theologisch sogenannten „letzten Dinge". Eschatologie heißt dieser Teilbereich der Theologie, was aus dem Griechischen übersetzt werden kann mit „Lehre von den letzten Dingen". Ich werde im Verlauf des Buches versuchen zu zeigen, dass die letzten Dinge mit den jetzigen Dingen zu tun haben. Es geht in diesem Buch um Leben und Tod und um Leben nach dem Tod; es geht um die letzten Dinge und um das Letzte der Dinge. Der Anspruch liegt dabei darauf, sich vor allem anschaulich den Fragen zu nähern und die Arbeit der Theologie zu übersetzen. Anschaulichkeit birgt allerdings gewisse Herausforderungen. Es könnte zu konkret, zu banal oder zu salopp daherkommen. Auch wenn im Verlauf der Kapitel immer wieder auf sehr konkrete Beispiele Bezug genommen wird, um die Thematik zu erschließen, kommen unangenehm häufig Begriffe ins Spiel, die alles andere als konkret sind, vor allem „irgendwie" und „vielleicht". Sprach-stilistisch mag das eher wenig überzeugen, theologie-stilistisch halte ich ein gebührendes Offenhalten unserer Vorstellungen allerdings sehr wohl für angemessen. Es sind eben vor allem Vorstellungen, die wir uns machen – in Form von Bildern oder in Form von Sprache. Wenn es gelingen sollte, verschiedene Vorstellungen so darzustellen, dass sie erweitert werden können, ist das Ziel erreicht: Eschatologie als Lehre von den letzten Dingen, die uns zum Letzten der Dinge führt, ohne dass wir jetzt schon ankommen könnten.

Wen treffe ich wieder und wen (lieber) nicht?

Eine zentrale Frage, die viele Menschen tief bewegt, kreist darum, ob es in einer jenseitigen Welt ein Wiedersehen mit jenen gibt, die man ins Herz geschlossen hat und denen man in Liebe verbunden ist. Damit zusammenhängend drängt sich die Frage auf, was mit jenen ist, denen man im diesseitigen Leben nicht so gern begegnet ist. Gibt es ein Wiedersehen mit allen? Oder geht es im Jenseits nicht mehr um persönliche Begegnung und Beziehung, wie wir es hier erleben?

Körper, Geist, Gefühle – kinderleicht zu trennen?

Ein Kinderbuch aus den 1990er Jahren von Helme Heine entwickelt zu diesen Fragen eine interessante Bildwelt. In seinem Buch „Der Club" schildert der Autor den Lebensweg eines Menschen, der mit dem Tod nicht zu Ende ist. Der Mensch bekommt bei der Geburt drei Freunde, die in verschiedenen Regionen des Körpers eine Wohnung haben: Professor Kopf studiert im Dachgeschoss unter dem Haarschopf, Rosi Herz wohnt im ersten Stock links und Dick Bauch arbeitet im Keller.

Diese drei Freunde begleiten den Menschen durch sein Leben und kümmern sich um die unterschiedlichen Dinge, die unser Leben ausmachen. Professor Kopf ordnet die vielen Eindrücke, Geschehnisse und Bilder unserer Tage. Er führt quasi Buch über unser Leben, garantiert gedankliche Klarheit und ist stets bestrebt, Neues zu lernen. Rosi Herz sorgt für alle Herzen, die uns zufliegen und die wir geschenkt bekommen. Sie pflegt unsere Beziehungen zu anderen Menschen und sorgt sich um unsere Freundschaften. Dick Bauch schließlich, der stämmige lebenslustige Koch, kümmert sich um das Essen und Trinken, das wir ihm in den Keller schicken. Er sorgt für unser Wohlbefinden und wacht über das maßvolle Genießen unserer Speisen. Die drei Freunde begleiten bei Helme Heine den Menschen durch sein ganzes Leben mit all den verschieden Herausforderungen und Fährnissen. Der Club ist dem Menschen treu bis in den Tod. Dann heißt es in dem Kinderbuch:

„An dem Tag, an dem Du stirbst,
geht der Club auseinander.
Dick Bauch bleibt bei Dir, aus Dankbarkeit,
da Du ihm Brot und Arbeit gegeben hast.
Professor Kopf trifft sich mit anderen Köpfen.
Er erzählt von früher, wie das Leben war.
Er berichtet von Deinen Siegen, Deinen Niederlagen
und Deinen Träumen. Rosi Herz kümmert sich
um alle Herzen, die Du in Deinem Leben gesät hast.
Sie fängt diejenigen ein, die nicht angekommen sind.
Und sie verteilt sie in Deinem Namen,
sodass Du nie vergessen wirst."

Damit endet das niedlich bebilderte, großformatige Buch, das sich offenbar an wirklich kleine Kinder richtet; jedenfalls legen die elementarisierte Sprache und die zeichnerische Ausarbeitung diesen Schluss nahe. Viele

Menschen können an diese Vorstellungswelt in positiver Weise anknüpfen, birgt sie doch eine warmherzige und tröstliche Perspektive für ein Leben nach dem Tod. Mit Blick auf die Frage dieses Kapitels – „Wen treffe ich wieder und wen (lieber) nicht?" – legt Helme Heine eine Spur, auf der wir weitergehen können, indem wir Überlegungen der christlichen Theologie mit einbeziehen.

Schöpfung

Wenn in der Theologie über die letzten Dinge nachgedacht wird, dann passiert das nicht in einer Frage nach dem „Ende". Es geht vielmehr um „Vollendung". Diese beiden Wörter verbindet zwar eine etymologische Verwandtschaft, doch lösen sie ganz unterschiedliche Assoziationen aus. Beim Wort „Ende" schwingen für uns Vorstellungen mit wie „Schluss – Aus", Feierabend, Abbruch – da kommt nichts mehr. Ganz anders bei „Vollendung". Der Begriff signalisiert: Da war es vorher ja noch gar nicht ganz. Vorher war alles erst unterwegs, noch nicht fertig – Bruchstück oder Torso. Erst mit der Vollendung kommt es endlich zum Ziel, zum Höhepunkt. Da bekommt es den letzten Schliff.

Gleichzeitig muss die Beschäftigung mit einer Vollendung zunächst beginnen mit einem Blick auf den Anfang. Wie ist denn das losgegangen, was da auf eine Vollendung zusteuert? Wie waren die Vorzeichen? Theologisch landet man damit beim Topos der Schöpfung. Wir müssen also in der Beschäftigung mit den letzten Dingen – metaphorisch gesprochen – nicht nur die letzten Seiten der Bibel lesen. Wir müssen vielmehr vorne anfangen. Die Einleitung der Heiligen Schrift bildet das berühmte Lied vom Sieben-Tage-Werk des Schöpfergottes. Lyrisch rhythmisiert wird erzählt, wie Gott die Welt nach und nach ins Dasein ruft. Er sprach: „Es werde." Und es wurde. Zeit und Raum, der Himmel mit seinen Gestirnen und die Erde mit ihren Pflanzen und Tieren, die Menschen als Mann und Frau und zuletzt – als krönender Abschluss – der Ruhetag; all das wird vom Herrn geschaffen. Und nicht nur das. Alles, was geschaffen wurde, wird vom Herrn betrachtet und eindeutig qualifiziert: Es ist gut! Insgesamt sechs Mal heißt es im ersten Kapitel des Buches Genesis: „Gott sah, dass es gut war." In Vers 31 kulminiert die kosmologische Summe schließlich in dem Satz: „Gott sah alles an, was er gemacht hatte: Es war sehr gut."

Wir dürfen also festhalten: Schöpfung ist gut; sogar sehr gut. Für unsere Fragen, die Beschäftigung mit den letzten Dingen, ist dieser Befund bedeutsam. Zunächst ist es nicht selbstverständlich, die Welt als gut zu erleben und zu deuten. Andere Religionen oder philosophisch begründete Weltanschauungen haben Kosmologien entwickelt, die vom Gegenteil ausgehen, nämlich dass die Welt schlecht sei oder dass ihr zumindest gravierende Webfehler innewohnen. Im Christentum ist das anders. Am Beginn steht das Paradies. Schöpfung ist gut, sie kommt schließlich vom Schöpfer, der der Gute schlechthin ist. Damit ist ein Vorzeichen gesetzt für all das, was nun auf den folgenden Seiten des Buches bzw. des Lebens kommen wird. Dieses Vorzeichen ist positiv, sozusagen ein Plus. Vorzeichen sind eminent wichtig. Sie geben dem, was danach steht, die entscheidende

Perspektive. Denken Sie beispielsweise an die Mathematik oder – damit zusammenhängend – an Ihre Kontoauszüge. Die Zahlen allein sagen noch nichts aus. Erst das Vorzeichen gibt ihnen die entscheidende Bedeutung. Ähnlich ist es in der Musik. Sie vermögen die Noten erst richtig zu spielen und zum Klingen zu bringen, wenn Sie am Anfang den Notenschlüssel kennen und richtig anwenden. Ansonsten hört sich alles schräg und disharmonisch an. Daher nochmals als erster Befund für unsere Überlegung: Das, was auf Vollendung zustrebt, ist gut – ist zumindest gut gestartet.

Neues oder altes Leben

Ein zweiter Gedanke lässt sich mit dem Begriff der Vollendung verbinden: Vollenden kann ich nur etwas, was schon da ist und was begonnen hat. Damit verbietet sich eine Vorstellung über ein Leben nach dem Tod, das mit dem Leben vor dem Tod nichts zu tun hätte. Wir bekommen kein zweites oder kein neues Leben, das völlig losgelöst oder unabhängig wäre von dem jetzigen irdischen Leben. Um dies mit zwei Beispielen zu illustrieren: Sie kennen vielleicht das Spiel Monopoly. Sie sind zusammen mit ihren Mitspielern unterwegs auf einer Spielfläche, um dort Straßen zu kaufen und darauf vielleicht sogar Häuser und Hotels zu errichten. Sie müssen dabei investieren, können Gewinne (auf Kosten ihrer Mitspieler) machen oder aber auch Verluste einfahren bis hin zum Bankrott (zur Freude ihrer Mitspieler). Außerdem kann ihnen unterwegs so manches Ereignis zustoßen. Sie gewinnen vielleicht bei einem Schönheitswettbewerb, müssen unerwartete Steuern entrichten oder werden ins Gefängnis geschickt. Es gibt auch das Ereignis „Gehe zurück auf Los“, den Startpunkt des Spiels. Mit anderen Worten: Fang noch mal an vorne an. Ein solches „Fang noch mal von vorne an“ ist nicht gemeint, wenn es um die Frage nach der Vollendung unseres Lebens geht. Wir werden nicht wieder auf eine Art Startpunkt gestellt. Es geht nicht noch einmal von vorne los.

Ein zweites Beispiel bringt diesen eschatologischen Gedanken vielleicht noch vielschichtiger ins Bild: Wenn Sie mit einem Computer arbeiten, dann kennen Sie einen Zustand, den man laienhaft mit den Worten „Das System hat sich aufgehängt“ bezeichnet. Es geht dann nichts mehr vor oder zurück. Das Gerät reagiert nicht mehr auf ihre Eingaben, egal wie verzweifelt Sie auf der Tastatur herumtippen. Bei älteren Geräten gab es für solche Fälle die Reset-Taste. Wenn ich die drücke, löst sich die Systemblockade. Reset ist ein Vorgang, durch den mein Gerät zurück in einen definierten Anfangszustand gebracht wird. Das Problem dabei war allerdings, dass dann alle vorher offenen Anwendungen heruntergefahren wurden und nichts gespeichert war. Alle meine Arbeit, die ich vorher am Gerät begonnen und auf den Weg gebracht hatte, war verloren. Ich musste wieder von vorne anfangen.

Diese Beispiele sollen einen weiteren theologischen Befund illustrieren: Nach dem Tod wartet kein neues Leben in dem Sinne, dass es mit dem alten, also unserem jetzigen Leben, nichts zu tun hätte. Unser irdisches Leben, unser Streben und Tun, wird nicht auf Start zurückgesetzt. Es wird nicht annulliert oder gelöscht. Natürlich dürfen wir darauf hoffen, dass nach dem Tod Neues auf uns wartet. Aber das Neue wird das alte, das gewesene und gelebte Leben, nicht unberücksichtigt lassen; es wird vielmehr daran anknüpfen. Jedenfalls legt das der Begriff der Vollendung nahe; denn andernfalls ginge es nicht um Vollendung der Schöpfung, sondern um eine Neuschöpfung, die mit der vorherigen Schöpfung nichts zu tun hätte. Unser Leben hier und jetzt, unser Streben und Tun, behält eine Bedeutung. Wir leben, vielleicht kann man es so sagen, jetzt schon in die Ewigkeit hinein.

Leib und Seele

Vielleicht noch schwieriger wird es, wenn wir uns konkreter vorzustellen versuchen, unter welchen äußeren Bedingungen sich ein Leben nach dem Tod vollziehen wird. Wie gewinnen oder behalten wir Gestalt? Behalten wir überhaupt Gestalt? Bleibe ich oder verliere ich mich und mein Sein geht auf in einem großen Ganzen? Was macht mein Ich überhaupt aus? Wie bin ich konstituiert? Christliche Anthropologie geht von dem Gedanken aus, dass der Mensch eine leib-seelische Einheit ist. Der Begriff Einheit ist dabei schneller gesagt als verstanden. Wenn man den Wortsinn von Einheit ernst nimmt, kann man *nicht* davon sprechen, dass der Mensch *aus* Leib und Seele besteht. Eine solche Redeweise impliziert einen Gedanken des Zusammenfügens zweier Teile; und zwei Teile oder Komponenten, die man zusammenfügt, sind keine Einheit. Angemessener wäre vielleicht davon zu sprechen, dass der Mensch Leib und Seele *ist*. In einer Einheit gibt es nicht das eine ohne das andere. Der

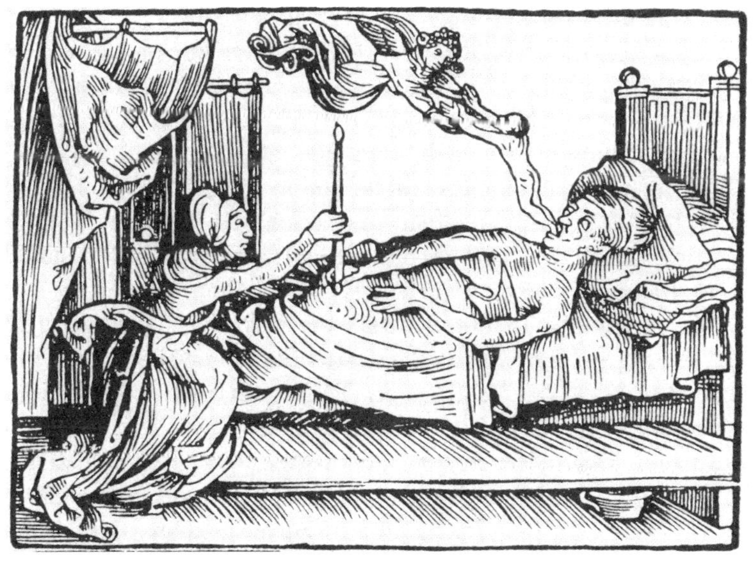

Mensch ist unteilbar – lateinisch: Individuum. Dieser Gedanke einer untrennbaren anthropologischen Einheit von Leib und Seele ist in christlich geprägten Traditionen gelegentlich gar nicht so gut versinnbildlicht. Denken wir zum Beispiel an den Brauch, in einem Raum, in dem ein Mensch gerade gestorben ist, ein Fenster zu öffnen, damit die Seele zum Himmel fliegen kann. Eine solche Sitte wird in Senioreneinrichtungen und Krankenhäusern bis in die Gegenwart vom Personal gepflegt. Es gibt darüber hinaus in der Kunst zahlreiche Darstellungen einer Sterbestunde, in der der Moment des Todes so illustriert wird, dass ein kleines Menschlein den soeben Verstorbenen verlässt und zum Himmel strebt.

Wie passen solche Bräuche und wiederkehrenden Motive in der Kunst zusammen mit der zuvor formulierten anthropologischen Individualität, mit der untrennbaren Einheit von Leib und Seele? Vielleicht ist es ein

Weg, in diesen Fragen zu unterscheiden zwischen zwei Begriffen, die wir oft synonym verwenden: *Leib* einerseits und andererseits *Körper*. Diese beiden Worte bezeichnen theologisch nicht dasselbe. Körper meint unsere Konstitution, die sich messen und naturwissenschaftlich beschreiben lässt. Wir sind soundso groß und bringen dieses oder jenes Gewicht auf die Waage. Wir bestehen aus Zellen, deren molekularer Aufbau einem permanenten Wandel unterworfen ist. Zellen in unserem Körper sterben ab und bilden sich neu. Im Laufe unseres Älterwerdens verschieben sich dabei die Verhältnisse. Wir verändern uns permanent. Unser Körper geht den Gang alles Irdischen – bis zu unserem Tod, zum Tod des Körpers. Dessen naturwissenschaftlich beschreibbare Existenz ist früher oder später beendet; er zerfällt zu Staub oder wird zu Asche. Die Moleküle, aus denen unser Körper besteht, fügen sich wieder ein in den Gang vom Werden und Vergehen alles Natürlichen. Der Begriff *Leib* dagegen meint mehr! Hier geht es nicht um eine naturwissenschaftliche Beschreibbarkeit. Aber was bedeutet denn Leiblichkeit? Inwiefern ist Leib etwas anderes als Körper? Zur Annäherung an diese Frage sollten wir *die* Referenz für all die Fragen um „Was kommt nach dem Ende?" schlechthin befragen: Ostern!

Österliche (V)Erklärung

Die biblischen Ostergeschichten entfalten uns ganz verschiedene Bilderwelten, die in ihren teils verwirrenden oder irritierenden Unterschiedlichkeiten doch etwas gemeinsam haben. Doch bevor wir auf das Gemeinsame kommen, schauen wir uns zunächst einige Osterbilder an. Da ist zum Beispiel Maria von Magdala, die früh am Ostermorgen auf dem Weg zum Grab ist. Den schweren Stein findet sie weggewälzt vor. Das leere Grab betritt sie aber nicht, sondern benachrichtigt Simon Petrus und den Lieblingsjünger, die beide sogleich zum Grab eilen und nacheinander den leeren Raum mit den zurückgebliebenen Leinenbinden und Tüchern inspizieren. Nachdem die beiden Jünger die Szenerie wieder verlassen haben, richtet sich der Fokus nochmals auf Maria Magdalena. Sie steht draußen vor dem Grab und weint, beugt sich dabei hinein und sieht zwei Engel im Grab sitzen. Nach kurzem Gespräch heißt es dann in Joh 20,14–16:

„Als sie das gesagt hatte, wandte sie sich um
und sah Jesus dastehen, wusste aber nicht,
dass es Jesus war. Jesus sagte zu ihr:
Frau, warum weinst du? Wen suchst du?
Sie meinte, es sei der Gärtner, und sagte zu ihm:
Herr, wenn du ihn weggebracht hast,
sag mir, wohin du ihn gelegt hast!
Dann will ich ihn holen.
Jesus sagte zu ihr: Maria!
Da wandte sie sich um und sagte auf Hebräisch zu ihm:
Rabbuni!, das heißt: Meister.“

Dem unbefangen und aufmerksam Lesenden könnten dabei verschiedene Fragen kommen, z. B.: Warum hat Maria gedacht, sie sieht den Gärtner? Sie haben sich doch nur wenige Tage nicht gesehen und schon erkennt Maria Jesus nicht? Wie kann das sein? Wen oder was hat sie da gesehen? Ganz offensichtlich konnte Maria den Auferstandenen nicht an seiner Statur, seinem Gesicht oder seinen Haaren erkennen. *Körperliche* Merkmale spielten keine Rolle. Maria erkannte, dass Jesus von Nazaret nicht im Tod geblieben war, weil und nachdem der Auferstandene sie mit ihrem Namen angesprochen hat. Da vollzog sich offenbar die tiefgründigste Begegnung, die man sich vorstellen kann. „Maria!" In dieser Ansprache wurde ihr alles klar. Wir müssen in diesem Zusammenhang bedenken, dass der Name eines Menschen in orientalisch-semitischen Kulturkreisen wesentlich mehr war als eine bloße Bezeichnung. Der Name eines Menschen umfasst geheimnishaft sein ganzes Wesen; im Namen ist seine ganze Geschichte, Identität und Bestimmung aufgehoben. Indem Maria nun am Grab ihren Namen vernimmt, weiß sie damit ihr Innerstes und Ganzes berührt und ergriffen. Da ist jemand, der kennt sie bis auf den Grund ihres Lebens. Und dieser Jemand ist derselbe wie dieser Jesus von Nazaret, auf den sie ihre ganze Hoffnung und Zuversicht gesetzt hat. Er ist wieder da bzw. er ist noch da. Es ist unmöglich, diese Ostererfahrung Maria Magdalenas adäquat in Worte zu kleiden. Der Evangelist präsentiert uns daher eine eher knapp beschriebene Szenerie, in der die Bilder sprechen und nicht die Worte erklären. Für unseren Zusammenhang genügt vielleicht die Erkenntnis: Der Auferstandene war für Maria nicht eine Erfahrung der körperlichen Wiederkehr eines Toten, aber es war offenbar die Erfahrung von etwas real Wahrnehmbarem. „Ich habe den Herrn gesehen" (Joh 20,18).

Im Anschluss an diese Ostererzählung entfaltet der Evangelist Johannes eine neue Szene. Hier begegnen die Jünger als Gruppe dem Auferstandenen. Sie haben sich, so der ausdrückliche Hinweis im Text, furchtsam hinter verschlossene Türen zurückgezogen. In die Mitte dieses Kreises angstbedrückter Menschen tritt der Auferstandene, grüßt und zeigt ihnen seine Hände und seine Seite, also die Wundmale der Kreuzigung. Der Apostel Thomas ist bei dieser Begegnung nicht dabei und lässt sich auch den Beteuerungen der Jünger mit den Worten der Maria von Magdala „Wir haben den Herrn gesehen“ (Joh 20,25) nicht überzeugen. Erst als der Auferstandene nochmals in ihre Mitte tritt – wieder trotz verschlossener Türen – und Thomas seine Hände und seine Seite darbietet, geschieht für Thomas Ostern. Für unsere Fragestellung ist in dieser Szene zweierlei bemerkenswert. Zum einen halten den Auferstandenen verschlossene Türen und feste Wände offenbar nicht auf. Unter körperlichen Voraussetzungen ließe sich das Geschilderte nicht nachvollziehen. Aber auch wenn es keine körperlich konstituierte Erscheinung war, die den Jüngern hier zweimal entgegentritt, so ist es doch der Schilderung nach nicht „nur“ ein Geist oder ein Gespenst. Es war keine Einbildung oder Halluzination. Die Jünger hatten eine reale Erfahrung. „Wir haben den Herrn gesehen.“ Und noch ein Zweites gibt zu denken. Der Auferstandene trägt seine Wundmale! Dieses Motiv erschließt vielleicht einen Gedanken, der weiter oben bereits angerissen war. Vollendung nach dem Tod bedeutet nicht, dass wir ein zweites, ein neues Leben bekommen, das mit unserem ersten Leben nichts zu tun hätte. In der Spur der Wundmale des Auferstanden können wir vielleicht sagen: Die Wunden, die das Leben uns geschlagen hat, die Narben, die wir aus dem Leben davongetragen haben, die bleiben. Sie bleiben jedoch nicht als klaffende Wunde oder andauernder Schmerz. Sie bleiben als Teil unseres Lebens. Sie gehören zu uns, zu unserer Geschichte, und sie machen uns unverwechselbar. Sie machen uns erkennbar.

Den Osterereignissen des Johannesevangeliums ist ein Nachtrag hinzugefügt: die rätselhaft erscheinende Erzählung vom überreichen Fischfang. Wir treffen die Jünger in Galiläa am See von Tiberias. Sie sind offenbar zurückgekehrt in ihren Alltag und gehen ihrem Fischerberuf nach. An dieser Stelle verschränken sich in interessanter Weise die Osterevangelien von Markus und Johannes, denn in Mk 16,7 sagt der Engel am leeren Grab zu den Frauen: „Nun aber geht und sagt seinen Jüngern, vor allem Petrus: Er geht euch voraus nach Galiläa; dort werdet ihr ihn sehen, wie er es euch gesagt hat." Bei Markus wird nicht geschildert, dass die Jünger dem Wort des Engels gefolgt wären; hier aber in Joh 21,1ff finden wir sie in Galiläa bei der Arbeit. Ihre Mühe war allerdings erfolglos. Sie haben die ganze Nacht gefischt, konnten aber nichts fangen. Am morgendlichen „Feierabend" treffen sie den Auferstandenen am Seeufer, erkennen ihn aber nicht – ein für uns Leser bereits bekanntes Muster. Er schickt sie nochmals zurück auf den See mit der Verheißung, etwas zu fangen, wenn sie das Netz auf der rechten Seite des Bootes auswerfen. Sie folgen der Aufforderung des Unerkannten und fangen tatsächlich etwas. Sie fangen sogar so viele Fische, dass sie das Netz nicht wieder einholen können. Darin erkennt nun der Lieblingsjünger: Es ist der Herr (Joh 21,7). Diese metaphorisch ungemein vielschichtige Passage wirft zahlreiche Fragen auf. Da liegt z. B. nach dem Fang schon Fisch und Brot auf einem Kohlenfeuer bereit. Warum sollten die Jünger denn überhaupt noch zuvor rausfahren? Warum bittet der Auferstandene die Jünger um Fisch, wenn er doch selbst offenbar darüber verfügt? Oder wie kann Petrus in Vers 11 das Netz mit den 153 großen Fischen allein an Land ziehen, wenn es vorher von allen zusammen nicht einzuholen war? Diese und noch mehr Fragen wären einer tieferen exegetischen Ausleuchtung wert. Für unseren Zusammenhang soll ein anderer Aspekt kurz in den Blick genommen werden, der vielleicht das eigentliche Wunder in dieser Erzählung ausmacht: Warum sind die Jünger nach ihrer vergeblichen Arbeit der Nacht nochmals auf den See gefahren und haben es abermals unternommen, etwas zu fangen? Den zeitgenössischen Hörern und Lesern des Evangeliums bot sich damit bereits zu Beginn der Szene eine große Irritation. Denn für sie gehörte es zum selbstverständlichen Alltagswissen, dass man nach Tagesanbruch keine Fische mehr fangen kann. Das hat mit dem Verhalten der Fische bei unterschiedlichen Lichtverhältnissen zu tun. Fische verlagern ihren Aufenthaltsort dann in tiefere Regionen des Sees, die von den Netzen nicht mehr erreicht werden konnten. Das durch lange Erfahrung gut gestützte Handwerkerwissen besagt, dass es nach Anbruch des Morgens keinen Zweck hat, seine Netze auszuwerfen. Aber: Die Jünger tun es dennoch! Was ist hier geschehen? Worin liegt das Österliche dieses

Motivs? Inwiefern wird hier der Faden weitergesponnen, der uns Leser seit dem leeren Grab leiten soll?

Vielleicht finden wir hier nicht nur den Faden, der sich seit Marias Begegnung mit dem Auferstandenen im Garten des Grabes spinnt. Vielleicht finden wir hier sogar den Faden, der sich durch alle Evangelien zieht und den Jesus von Nazaret vom Beginn seines öffentlichen Wirkens an versucht, den Menschen zu zeigen. Es ist gleichsam die neue Richtschnur, an der entlang wir unser Leben orientieren dürfen. Und diese neue Richtschnur ist seine Botschaft vom Anbruch des Reiches Gottes. „Kehrt um und glaubt an das Evangelium" (Mk 1,15; vgl. auch Mt 4,12 und Lk 4,14f) – unter dieser Überschrift steht sein Programm. Vielleicht verstehen die Jünger hier am See zum ersten Mal – und insofern schließt sich der Erzählbogen des gesamten Evangeliums –, was Jesus mit seiner Reich-Gottes-Botschaft sagen will. Wo die Einheitsübersetzung „Kehrt um" übersetzt, steht im griechischen Original eine Vokabel, die mit „umkehren" nur unzureichend wiedergegeben ist. Das griechische „metanoeite" meint weder nur ein Umkehren auf einem Weg, indem wir die Richtung ändern, noch nur ein bußfertiges Ablegen von schlechten Gewohnheiten. „Metanoeite" bedeutet wörtlich so etwas wie „Denkt neu" oder „Denkt anders". Es meint, die eigenen vermeintlichen Gewissheiten zu hinterfragen, das eigene Denken, Hoffen und Streben auf eine andere Grundlage zu stellen. Dies tun die Jünger hier am See in eindrucksvoller Weise. Sie fahren nochmal hinaus auf den See zum Fischen – im anbrechenden Morgen. Sie lassen sich darauf ein, ihre bisherigen Gewissheiten zu hinterfragen, sie denken neu, sie denken anders. Indem sie ihre alte Weltsicht über Bord werfen, wird für sie Ostern. Sie erkennen den Auferstandenen. Sie wissen, dass der Herr lebt (vgl. Joh 21,12). Der Faden, der sich durch die Worte und das Tun des Jesus von Nazaret zieht, führt zurück an den See. Die neue Richtschnur, dieser Faden ist nicht vom Tod zerrissen worden; dessen sind die Jünger gewiss geworden. So wie Maria am Grab und Thomas hinter verschlossenen Türen haben die Jünger am See – in ihrer anderen, eigenen Weise – Ostern erfahren: Es ist der Herr, der hier bei uns ist. Der Auferstandene war für sie wie für Maria und Thomas nicht eine Erfahrung der körperlichen Wiederkehr, es war vielmehr offenbar die Erfahrung von etwas real Erfahrbarem, das ihr Leben fundamental verändert hat. All das, was vorher galt und zugrunde gelegt wurde, gilt nicht mehr und ist zugrunde gegangen. Der Faden des „metanoeite", des neuen Denkens, führt über den Tod hinaus.

All diese Ostererzählungen haben gemeinsam: Dieses Leben über den Tod hinaus ist anders, als wir es bisher kennen. Es lässt sich nicht fassen mit Kategorien von Körperlichkeit. Maria, Thomas und die Jünger am See erkennen den Auferstandenen je anders. Sie erkennen ihn im „Angesprochensein", im „Beim-Namen-gerufen-Werden"; sie erkennen ihn an seinen Wunden, an seiner Geschichte; sie erkennen ihn in der wunderbaren Tragfähigkeit für ein Leben nach anderen Gesetzmäßigkeiten. Sie alle haben den Auferstandenen gesehen – nicht einen Körper, aber etwas real Erfahrbares. Die Evangelien wollen Ostern nicht definieren (lateinisch: eingrenzen). Eine Frage danach, was sich historisch zugetragen hat, führt nicht in die Dimension dessen, was geschehen ist und der christliche Glaube verheißt. Es lässt sich nicht fassen, aber Ostern ist dennoch (oder vielleicht gerade deswegen) real. Die Realität von Ostern, die Realität des Lebens nach dem Tod, ist schwer begreiflich zu machen im Sinne von: auf Begriffe zu bringen. Die Theologie behilft sich an dieser Stelle mit einem Begriff, der zunächst nichts *erklärt*, nämlich: *„verklärt"*. Wir kennen diesen Begriff aus Osterliedern, in denen die verklärte Leiblichkeit besungen wird. Das Wort „verklärt" ist nicht viel mehr als ein Platzhalter, der anzeigt: Da ist etwas bzw. da wird etwas sein. Aber wir können nicht sagen, wie es ist und sein wird. Es übersteigt unsere Vorstellungswelt. So heißt es zum Beispiel in der Erzählung von der Verklärung Jesu in Mk 9,3: „Und der wurde vor ihren Augen verwandelt, seine Kleider wurden strahlend weiß, so weiß, wie sie auf Erden kein Bleicher machen kann." Es gibt eine Grenze des (Aus) Sagbaren, die die biblischen Zeugnisse anzeigen und an die uns die Theologie heranführen kann. Gleichzeitig muss sie diese Grenze des (Aus)Sagbaren gegen Überschreitung verteidigen. Eine allzu dingliche, plastische Ausmalung des Lebens nach dem Tod verbietet sich vor diesem Hintergrund. Es bleibt eine Unverfügbarkeit, eine nicht ausleuchtbare Geheimnishaftigkeit.

Biblisch wird das für uns illustriert bei Markus und seiner Ostererzählung. Sehr schmucklos wird von den Frauen erzählt, die im leeren Grab einen Engel treffen, der ihnen die Botschaft von der Auferstehung überbringt und sie beauftragt, diese den Jüngern auszurichten, woraufhin die Frauen in Schrecken und Entsetzen vom Grab fliehen und – dem Auftrag des Engels zuwider handelnd – niemandem etwas davon sagten, „denn sie fürchteten sich“ (Mk 16,8). Einige Jahrzehnte später wurde diesem Schluss des Markusevangeliums eine Ergänzung angefügt. Hier werden summarisch etliche Ostererzählungen aus den anderen Evangelien sozusagen im Telegrammstil zusammengefasst. Bemerkenswert ist hier nochmals ein Blick auf den griechischen Urtext. In dem markinischen „Osteranhang“ wird drei Mal die Vokabel „ophté“ verwendet, die wir in der Einheitsübersetzung mit „erschien“ wiedergegeben finden. Wörtlich bedeutet „ophté“: Er ließ sich sehen. Dieses „Er ließ sich sehen“ verweist nochmals eigentümlich auf die – wenn man so sagen darf – Struktur von Ostern. Vielleicht können wir uns das Sich-Sehen-lassen vorstellen wie einen Theatersaal. Wir sitzen im Parkett oder auf der Empore und schauen zur Bühne. Aber das Stück hat noch nicht begonnen; der Vorhang ist geschlossen. Da öffnet plötzlich jemand von hinten den Vorhang einen kleinen Spalt weit und schaut uns an. Er lässt sich sehen. Das Publikum weiß nun, hinter dem Vorhang ist noch jemand; da kommt noch etwas. Das lateinische Wort für einen solchen Vorgang heißt „revelatio“ – wörtlich: ein Tuch/Schleier/Vorhang wegnehmen. Übersetzt wird „revelatio“ mit „Offenbarung“.

Wir stehen am Ende dieses Kapitels, das mit der Frage überschrieben ist: „Wen treffe ich wieder und wen lieber nicht?“ Sind wir dieser Frage bzw. einer Beantwortung nähergekommen? Eingestiegen sind wir mit dem Kinderbuch von Helme Heine, um danach verschiedene theologische Gesichtspunkte heranzuziehen, die nun einen neuerlichen Bezug zum Club von Professor Kopf, Rosi Herz und Dick Bauch ermöglichen. Zur Erinnerung: Im Buch geht der Club auseinander, wenn Du stirbst. Nur Professor Kopf trifft sich mit anderen Köpfen. Dick Bauch bleibt bei dir und Rosi Herz kümmert sich um nicht verschenkte Herzen und garantiert so dein Nicht-Vergessen-werden. Theologisch könnte man hier intervenieren mit einem Verweis auf die menschliche Konstitution als Leib-Seele-Einheit. Bilder von einer Trennung von Leib und Seele sind insofern eher schwierig. Vermögen sie plausibel zu veranschaulichen, was die Individualität des Menschen ausmacht – nämlich eben seine unteilbare Verwobenheit von Seele und Leib? Vielleicht hilft es unserem vertieften Suchen nach Verstehen, zwischen Leib und Körper zu unterscheiden. Dick Bauch stünde dann metaphorisch für unsere Körperlichkeit. Leibliche Konstitution meint aber mehr. Die Ostererzählungen sind sich bei all ihren Unterschiedlichkeiten darin einig, dass den Auferstandenen offenbar nicht mehr „Körperlichkeit" im irdischen, naturwissenschaftlich messbaren Sinne ausmacht. Gleichwohl wird aber in allen Evangelien auf die reale Erfahrbarkeit des Auferstanden Wert gelegt. Seine Leiblichkeit war nicht zerstört oder aufgehoben.

Theologisch will die Rede von der Leiblichkeit drei Aspekte zum Ausdruck bringen: Wir haben vermittels unserer Leiblichkeit einen Bezug zur und in der Welt; wir haben einen Ort, eine Adresse. Aufgrund dessen ist es uns überhaupt nur möglich – zweiter Gedanke – mit anderen in Kommunikation zu treten und Nähe herzustellen. Und schließlich drittens verbürgt die leibliche Konstitution des Menschen seine Identität durch Zeit und Geschichte hindurch. Bei aller Veränderung, die mich hat werden lassen und unverwechselbar ausmacht, bleibe ich doch immer ein und derselbe Mensch. Der Leib macht die Seele sichtbar, gibt ihr einen Ort in Zeit und Raum – und in Ewigkeit (aber dazu später mehr). Ostern ist für uns die Hoffnung: Der *ganze* Mensch kommt zu Gott – in seiner leib-seelischen Verfasstheit; sonst wäre ich nicht mehr ich. Ganzheit meint, der Mensch soll eine Zukunft haben mit seiner Welt, seinen Beziehungen und sich selbst. Die gut geschaffene Schöpfung – mit uns als Teil darin – darf nach Ostern auf Vollendung hoffen. Und damit auch auf (ein) Wiedersehen. Dabei sollten wir uns aber auf Überraschungen gefasst machen.

Wie lange muss ich ins Fegefeuer?

Im Verlauf der bisherigen Überlegungen war die Rede davon, dass es eine Grenze des (Aus)Sagbaren gibt, die die biblischen Zeugnisse anzeigen und die uns mahnt, eine allzu dingliche, plastische Ausmalung des Lebens nach dem Tod zu vermeiden. Aber wir sind ja neugierig. Und Theologie ist immer auch eine spekulative Wissenschaft. So wundert es nicht, dass bereits in den ersten Jahrhunderten viele Theologen umgetrieben wurden von der Frage nach den letzten Dingen, nach Vollendung und Verdammnis, nach Himmel und Hölle. Wichtige kirchliche Lehrer von Cyprianus über Origenes bis

Augustinus haben sich intensiv damit beschäftigt und es blieb auch im Hochmittelalter weiter Bewegung in diesen Fragen. Thomas von Aquin leistete Beiträge, die dauerhaft theologische Maßstäbe setzten. Auch das päpstliche Lehramt befasste sich mit eschatologischen Fragen. Papst Johannes XXII. erregte mit seiner eigenwilligen Position in der Frage der *visio beatifica* – wann und wie die Seelen der Verstorbenen in den „glückselig machenden Genuss der Schau Gottes" kommen – derartigen theologischen Aufruhr, dass nur sein Tod im Jahr 1334 der Einberufung einer Versammlung zuvor kam, die über seine Absetzung beraten sollte. Von zentraler Bedeutung war immer wieder die Frage: Wie kann ein Mensch in den Himmel gelangen, wenn er auf der Erde gesündigt hat und vor seinem Tod keine Vergebung erlangte? Doch bevor wir uns dieser Frage widmen, müssen wir etwas Entscheidendes nachholen: eine kurze Beschäftigung mit dem Tod.

Ende oder Übergang?

Der Münsteraner Theologe Johann Baptist Metz hat zu Recht darauf hingewiesen, dass wir sehr oft und sehr schnell, vielleicht zu schnell, in Verkündigung und Seelsorge bei der österlichen Auferstehung sind. Nehmen wir den Tod eigentlich ernst? Braucht es nicht eine stärkere Profilierung des Karsamstags, der Erfahrung der Gottesferne, der Verlassenheit, der Zerstörung, des Abbruchs, des Hinabstiegs in das Reich der Toten? Der Tod ist ein Drama für das Leben. Er ist wohl *das* Drama unseres Lebens. Gleichwohl gelingt es uns in der alltäglichen

„Ausübung“ unseres Lebens in der Regel ganz gut, dieses Drama auszublenden. Ich lebe ja schließlich derzeit; und solange ich lebe, ist der Tod nicht da bzw. ist mein Tod nicht da (und wenn der Tod da ist, dann bin ich nicht mehr da). So tröstete sich jedenfalls der griechische Philosoph Epikur um 300 v. Chr. über das Drama von Leben und Tod hinweg. Dass diese Sichtweise allerdings kaum weiteres Fragen oder Hadern zu verhindern vermag, spürt jeder Mensch spätestens dann, wenn der Tod eines nahestehenden Menschen in das eigene Leben einbricht. Dann ist der Tod nämlich sehr wohl da – auch in meinem Leben. Er stürzt das Leben in eine tiefe Krise. Seine unerbittliche Unausweichlichkeit schockiert und schmerzt. Er zwingt uns zur Auseinandersetzung. Wohin uns diese Auseinandersetzung führt bzw. was sie in uns bewirkt, ist freilich offen und kann unterschiedlich beantwortet werden. Eine Option wäre eine Sichtweise von einem Leben, in dem der Tod so etwas wie Sauerteig ist. Er ist das Triebmittel zur Lockerung von Backwerk und macht Roggenteige überhaupt erst backfähig. Sauerteige verbessern Verdaulichkeit, Aroma, Geschmack, Haltbarkeit und Konsistenz der Backwaren. Zudem werden ernährungsphysiologische Eigenschaften verbessert. Vielleicht hat die Auseinandersetzung mit dem Tod viel mit einem Sauerteig gemeinsam. Im besten Fall durchsäuern dann Erfahrungen von Sinnlosigkeit und Verzweiflung unser Leben. Sie sind für das Leben, seine Verdaulichkeit, sein Aroma und Geschmack so notwendig wie der Sauerteig für das Brot. Vielleicht können sie unsere lebensphysiologischen Eigenschaften verbessern, indem sie uns zu mehr Tiefe, Weite, Bewusstheit und Gelassenheit verhelfen? Zwei Beispiele seien hier angedeutet.

Der französische Philosoph Michel de Montaigne hat sich sehr intensiv mit Tod und Leben auseinandergesetzt und entwickelte in seinem Essay „Philosophieren heißt sterben lernen“ einen Gegenentwurf zu Epikur. Die höchste menschliche Vollendung gewinnt man Montaigne zufolge durch die seelische Vorbereitung auf das Ende. Sokrates war ihm dabei das bewunderte Vorbild, denn jeder Tod muss seinem Leben gleichen, meinte Montaigne. Der Tod sei die letzte und große Bewährung des Menschen. Haben wir standhaft und ruhig zu leben gewusst, so werden wir ebenso zu sterben wissen. Dabei sei es nicht der Tod, der den Menschen beunruhigt, sondern das Sterben. Wer die Menschen lehren würde zu sterben, der würde sie lehren zu leben. Es komme darauf an, bereit zu sein. Denn alles, was geschehen kann, könne noch heute geschehen. Für Montaigne ist die Besinnung auf den Tod die Besinnung auf die Freiheit zu einem gelassenen Leben. Sterben zu wissen befreie uns von aller Unterwerfung und allem Zwang. Ob es dabei ein Leben nach dem Tod gibt, hat Montaigne in seiner philosophischen Arbeit ausgeblendet. Er hielt den Glauben für möglich, trennte ihn aber angesichts der Ferne und Unbegreiflichkeit Gottes strikt von der Sphäre der Vernunft.

Das zweite Beispiel kommt mit viel weniger Worten aus, als die imposant elaborierten Schriften Montaignes, bringen ihn dabei aber in gewisser Weise – vielleicht ungewollt – auf den Punkt. Es ist das Bilderbuch „Ente, Tod und Tulpe“ von Wolf Erlbruch, das 2010 als Kurzfilm verarbeitet und mehrfach ausgezeichnet wurde. Die Handlung in Kürze: Eine munter durch das Leben laufende Ente hat plötzlich so ein Gefühl, als ob sie verfolgt wird. Sie bleibt stehen, wendet sich um und stellt den Verfolger zur Rede: „Wer bist Du und was schleichst Du hinter mir her?“ Er stellt sich vor: „Schön, dass Du mich endlich bemerkst. Ich bin der Tod.“ Im sich nun – nach anfänglichem Erschrecken – immer unbefangener entwickelnden Zwiegespräch wird deutlich, dass der Tod – ein mit seiner „Totenschädeligkeit“ vielleicht nicht hübscher, aber ungemein freundlicher und bedächtiger Genosse – die Ente schon ihr ganzes Leben hindurch begleitet. Nun, nachdem die Ente ihn entdeckt hat, unternehmen sie gemeinsame Dinge, pflegen einen selbstverständlichen und entspannten Umgang miteinander und freunden sich immer mehr an. Sie unterhalten sich über die großen Fragen des Lebens; die Ente ist neugierig. Sie möchte vom Tod wissen, was denn nach dem Tod kommt. Sie habe gehört, dass gute Enten als Engel in den Himmel kommen und böse Enten zur Strafe tief unter der Erde in der Hölle gebraten werden. Der Tod weiß es zwar auch nicht, dennoch sind seine Antworten auf eigentümliche Weise anschlussfähig. Als Engel im Himmel? „Gut möglich! Flügel habt Ihr ja schon …“ Eine Hölle tief unter der Erde? „Seltsam, was Ihr Enten Euch so erzählt, aber wer weiß …“ Schließlich kommen Herbst und Winter, die einst so lustig-forsche und agile Ente wird zusehends müde und gebeugt. Als sie in der immer unwirtlicher werdenden Natur zu frieren beginnt, bittet sie den Tod, von ihm gewärmt zu werden und stirbt friedlich in seinen Armen. Der letzte Akt des kleinen Büchleins bzw.

Films: Der Tod trägt die Ente behutsam zum Fluss, legt sie vorsichtig aufs Wasser und schickt sie mit einem kleinen Stups zärtlich auf eine Reise stromabwärts auf dem Wasser gleitend. „Noch lange schaute er der Ente nach“, so heißt es zum Schluss. „Als er sie aus den Augen verlor, war der Tod fast ein bisschen traurig. Aber so war das Leben.“

Leben und Tod sind miteinander verbunden; der Tod verweist uns auf das Leben. Die Begegnung mit dem Tod verhilft dem Lebenden zu ungeahnten Einsichten. Ein Leben mit dem Tod bewahrt nicht vor mulmigen Gefühlen oder depressiven Anwandlungen. Es nimmt dem Tod aber den Schrecken und schenkt dem Leben viel Gelassenheit. Das Bilderbuch lässt offen, ob noch etwas nach dem Tod kommt. Der Tod weiß es auch nicht. Er sorgt nur für einen Übergang, er schickt die Ente auf die letzte Reise – wohin auch immer: Der Tod nicht als Ende, sondern als Übergang; der Tod nicht als Exitus, sondern als Transitus. Der von Michel de Montaigne so verehrte Sokrates soll es einmal so formuliert haben: „Niemand kennt den Tod; es weiß auch keiner, ob er nicht das größte Geschenk für den Menschen ist. Dennoch wird er gefürchtet, als wäre gewiss, dass er das schlimmste Übel sei.“

Leben – Tod – Gericht

Nach diesem kleinen Exkurs über den Tod kommen wir zurück zum Fegefeuer. Ein erster Befund in der Beschäftigung damit ist so bemerkenswert wie brisant: Das Wort „Fegefeuer“ findet sich nicht in der Bibel. Eine solche Feststellung ist vermutlich für viele Christen unserer Tage ein gewichtiger Grund zur Skepsis. Hat das Fegefeuer vielleicht gar nichts mit der Reich-Gottes-Botschaft Jesu Christi zu tun? Hat sich die Kirche – salopp formuliert – mit dem Fegefeuer etwas ausgedacht, um die Menschen zu manipulieren, klein zu halten, zu ängstigen und zu willfährigen Objekten eigener machtpolitischer und wirtschaftlicher Interessen zu machen? Denken wir nur an das Ablass(un)wesen, das Martin Luther mit seinen 95 Thesen im Jahr 1517 umfangreich kritisierte und damit die Reformation auslöste. Die Frage dieses Kapitels „Wie lange muss ich ins Fegefeuer" verdankt sich jedenfalls einer Theologie, die das Abbüßen von Sündenstrafen sehr konkret bemessen und quasi tariflich quantifiziert hat. Gemäß mittelalterlicher und frühneuzeitlicher Bußbücher und –tabellen konnte man hinsichtlich der persönlichen Lebensführung sehr genaue Antworten erhalten, die die Zeit im Fegefeuer in Stunde, Tag und Jahr ausgewiesen und gleichzeitig äquivalente Leistungen (z. B. Gebete, Fasten, Mithilfe im Ausbessern von Straßen und Deichen, Wallfahrten oder Geldzahlungen für Kirchenbauten in verschiedener Form) beschrieben haben, um diese Zeit im Fegefeuer zu verkürzen. Bischöfe konnten Ablässe von 40 Tagen gewähren, Kardinäle Ablässe von 100 Tagen; einen vollkommenen Ablass aller zeitlichen Sündenstrafen war dem Papst vorbehalten. Dass das Fegefeuer aus heutiger Sicht in seiner fast zweitausendjährigen Geschichte eine Karriere gemacht hat, die zu den unterschiedlichsten Bewertungen Anlass gibt, soll hier nicht weiter verfolgt werden. Es geht weder um eine apologetische noch um eine argwöhnisch verurteilende Analyse, sondern um ein um Verstehen bemühendes Nachvollziehen der zugrunde liegenden theologischen Überlegungen.

Um diesen theologischen Überlegungen auf die Spur zu kommen, beginnen wir mit einem sehr elementarisierten dreistufigen Schema. Da ist zunächst die Phase unseres irdischen Lebens. Dieses Leben vollzieht sich unter den Bedingungen von Zeit und Raum. Dies mag zwar eine triviale Feststellung sein, wir kommen aber im weiteren Verlauf darauf zurück, weil dies keine Konditionen für die Ewigkeit sind. Was macht unser Leben nun aber eigentlich aus? Die physischen Aspekte, wie etwa die Notwendigkeiten von Nahrung und Schlaf, die verschiedenen Stadien des Heranwachsens und das Langsamer- und Kleinerwerden unserer Kreise und anderes mehr, lassen wir dabei außer Acht. Das menschliche Leben ist vor allem gekennzeichnet durch Beziehungen. Der Mensch ist ein soziales Wesen. Das Medium, in dem sich Beziehungen anbahnen, entwickeln und vielleicht stabilisieren, ist Kommunikation. Dabei meint Kommunikation hier mehr als nur einen Sprechakt. Kommunikation beginnt mit meinen Gedanken, die ich in meinem Kopf (oder in meinem Herzen) bewege. Manche Gedanken werden dann tatsächlich zu Worten. Manches, von dem ich spreche, setze ich auch in eine Tat um. Manches von dem, was ich einmal getan habe, tue ich vielleicht mehrfach. So stabilisiert sich manches Tun zu einer Gewohnheit. So wird aus mancher flüchtigen Begegnung eine Beziehung. Dieses Werden und Gestalten von Gedanken, Worten, Taten, Gewohnheiten, dieses Aufbauen und Pflegen von Beziehungen zu uns selbst, zu unseren

Mitmenschen und zu unserer Welt insgesamt ist dabei jeden Tag aufs Neue eine Herausforderung. Das Leben muss jeden Tag neu gelebt werden. Darin unterscheidet sich der Fortschritt von Leben vom Fortschritt der Technik. Wenn Technik erstmal da ist, dann ist sie da und geht unter normalen Umständen nicht mehr verloren. Der Faustkeil ist irgendwann erfunden worden, ebenso das Rad, der Steigbügel, die Dampfmaschine und der Computer. Das muss nicht jeden Tag neu errungen werden, sondern darauf kann man aufbauen. Die Entwicklung des technischen Fortschritts vollzieht sich im Wesentlichen kumulativ. In den Beziehungen des Lebens ist es anders. Auch wenn ich gestern und heute Frieden mit meinem Nachbarn hatte, kann morgen Streit oder Krieg ausbrechen. Auch wenn ich heute Liebe und Verständnis für meinen Nächsten aufgebracht habe, kann ich ihm morgen in Gleichgültigkeit oder Ablehnung begegnen.

Die Errungenschaften einer moralisch integren Lebensführung sind leider kein Gut, das – wenn es erstmal erreicht wurde – morgen auf jeden Fall auch mit Leben gefüllt wird oder gar kumulativ immer zur verbesserten Fortentwicklung streben würde. Unser Leben ist sehr ambivalent – stets zwischen Erfolg und Misserfolg, zwischen Bemühen und Versagen, ausgespannt. Bei dem einen überwiegt vielleicht das eine, bei einem nächsten überwiegt das andere. Man darf aber wohl für jedes menschliche Leben sagen, dass es eine Existenz ist, in der das Gute und das Böse in eigentümlicher Weise miteinander verwoben sind. Das Sakrament der Beichte trägt dieser anthropologischen Verfasstheit Rechnung, indem es dem Menschen zusagt, trotz seiner Schwäche und Verfehlungen Gnade bei Gott finden zu können.

Die Phase des irdischen Lebens ist irgendwann vorbei und in unserem dreistufigen Schema schließt sich das an, wovon im vorangegangenen Abschnitt bereits etwas ausführlicher die Rede war: der Tod. In der theologischen Reflexion des Todes kennen wir nicht nur die Deutung als Transitus, als Übergang. Es gibt auch den Aspekt vom Tod als „Ende des irdischen Pilgerstandes" bzw. von der „Verendgültigung des Lebens". Damit sollte zum Ausdruck gebracht werden, dass mit dem Tod alles Streben, (Ver)Suchen und Entscheiden vorbei ist. Das irdische Leben hat seinen endgültigen Abschluss gefunden. Mit dieser Sichtweise war für Menschen früherer Jahrhunderte eine unüberbietbare Dramatik verbunden. Wenn mit dem Tod das Leben seine letzte Gültigkeit bekommt und ich also nichts mehr ändern kann, ist ein unvorbereiteter Tod ein enormes Risiko. Ich würde mein Heil, meinen Zugang zum Himmel endgültig verlieren, falls ich im Zustand ungereuter und ungebüßter Sünde sterbe. Ein sogenannter „jäher Tod" war daher eine schreckliche Gefahr und mit größter Angst besetzt. Man versuchte, sich so gut als möglich dagegen zu wappnen, etwa indem man die regelmäßige Beichte nicht versäumte. Adelige auf Reisen haben oftmals einen Geistlichen mitgeführt, um im Falle eines Falles die Sterbesakramente und also die Lossprechung von ihren Sünden erlangen zu können. In der neueren Theologie hat sich allerdings eine modifizierte Sichtweise des Todes entwickelt. Man denkt den Tod als ein Ereignis, in dem der Mensch (s)eine letzte Entscheidung treffen kann, nämlich für oder gegen Gott. Wir kommen später noch darauf zurück. An dieser Stelle soll zunächst das dreistufige Schema abgeschlossen werden, das für die Fegefeuer-Theologie im Hintergrund steht.

Nach unserem irdischen Leben in seiner Ambivalenz von Bemühen und Versagen und dem Tod als dem Ende des irdischen Pilgerstands schließt sich das an, was wir uns einleitend bereits anhand verschiedener Beispiele der Kunst angeschaut haben: das Gericht. Dort gibt es die zwei Möglichkeiten, die Michelangelo in der Sixtinischen Kapelle mit „oben" und „unten" oder Lochner in seinem Gemälde mit „rechts" und „links" ins Bild gebracht haben. Ein Teil der Menschheit wird nach unten bzw. nach links in die Hölle geschickt, der anderer Teil darf nach oben bzw. rechts in den Himmel. Wie wir uns Hölle und Himmel vorstellen können, soll in den nächsten beiden Kapiteln ausführlicher zur Sprache kommen. Für den jetzigen Gedankengang brauchen wir allerdings schon mal eine vorläufige und grobmaschige Annäherung an das, was wir Himmel nennen. Himmel, darauf kann man sich vermutlich schnell verständigen, ist wohl etwas, in dem nichts Schlechtes, nichts Böses, nichts Gebrochenes oder nichts Unheiles Platz hat. Himmel ist ein Ort (allerdings kein „Ort" im geografischen Sinne), mit dem wir Vollkommenheit verbinden. Unser Leben, das wir vor dem Tod geführt haben, ist aber nicht vollkommen gewesen. Es hatte mehr oder weniger zu tun mit Schlechtem, Bösem, Gebrochenem oder Unheilem. Um nun diese Unvereinbarkeit von dem vollkommenen Himmel einerseits und unserem unvollkommenen Leben andererseits zu vermitteln, um einer unheilen und unheiligen irdischen Bevölkerung die Migration in den Raum des Heils und der Heiligkeit zu ermöglichen, kommt das Fegefeuer ins theologische Spiel. Schematisch fügt sich das Fegefeuer sozusagen als Vorstufe oder Durchgangsstation zum Himmel ein:

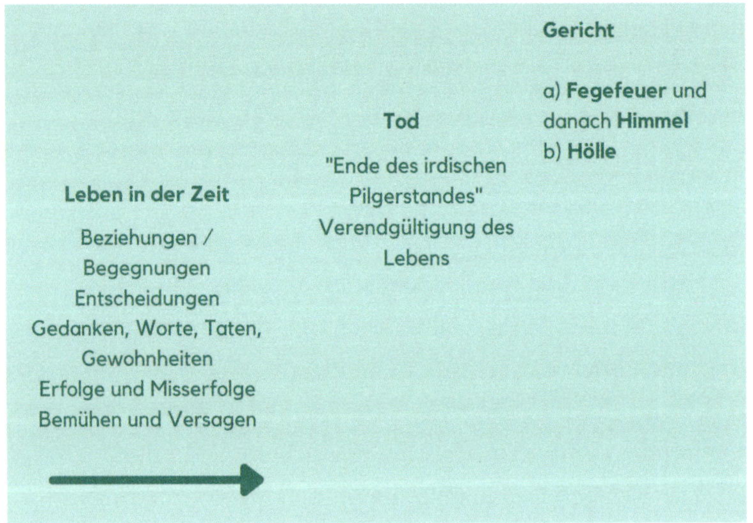

Sauber oder rein? Feuer oder Wasser?

Es war bereits davon die Rede, dass wir den Begriff des Fegefeuers in der Bibel vergeblich suchen. Es ist die deutsche Übersetzung eines Begriffs aus der lateinisch denkenden und sprechenden Theologie der ersten nachchristlichen Jahrhunderte; das, was wir im Deutschen mit Fegefeuer wiedergeben, heißt im Lateinischen „Purgatorium“. Die wörtliche Übersetzung von Purgatorium lautet „Ort der Reinigung“. Mit Reinigung assoziieren wir allerdings vielleicht lebensweltliche Dinge und Vorgänge, die dem theologischen Gedanken nicht gerecht werden. Ein namhafter Hersteller von Waschmittel warb beispielsweise viele Jahre (und tut es vielleicht immer noch) mit dem Slogan: „Macht nicht nur sauber, sondern rein!" Ohne dieses Produkt daraufhin getestet zu haben, kann man theologisch auf jeden Fall festhalten, dass dieses Werbeversprechen eindeutig zu weit geht. Vielleicht – und ich will wohlmeinend gar nichts anderes unterstellen – macht ein Waschmittel verschmutzte Kleidungsstücke wieder sauber. Aber es vermag gewiss keine Reinheit herzustellen. Sauberkeit ist eine – selbst wenn sie „porentief" hergestellt werden kann, wie ebenfalls manche Werbung verspricht – Kategorie der Oberfläche und Äußerlichkeit. Ob etwas sauber ist oder nicht, lässt sich mit dem Auge und ggf. weiteren optischen Hilfsmitteln feststellen. Reinheit im Sinne des lateinischen „Purgatorium" meint etwas anderes. Hier geht es um einen inneren Zustand, der einer optischen Beurteilung verschlossen bleibt. Zur Erläuterung seien hier zwei bekannte Bibelstellen aufgerufen, die vielleicht zu verstehen helfen, was mit Reinheit gemeint ist. Im Matthäusevangelium findet sich in Kapitel 15 ein Gespräch zwischen Jesus und Pharisäern und Schriftgelehrten. Auf deren Frage, warum seine Jünger die Überlieferung der Alten missachten und sich nicht an die Reinheitsgebote in Form der Händewaschungen vor dem Essen halten, antwortet Jesus: „Nicht das, was durch den Mund in den Menschen hineinkommt, macht ihn unrein, was aus dem Mund des Menschen herauskommt, macht ihn unrein" (Mt 15,11). Zwei Verse zuvor zitiert Jesus den Propheten Jesaja: „Dieses Volk ehrt mich mit den Lippen, sein Herz aber ist weit weg von mir." Es geht im Purgatorium also um Reinheit als einen inneren Zustand. Dieser lässt sich nicht optisch, also äußerlich, ergründen. Bei der Erwählung und Salbung des jungen, Schafe hütenden David zum König für das ganze Volk heißt es: „Gott sieht nämlich nicht auf das, worauf der Mensch sieht. Der Mensch sieht, was vor den Augen ist, der Herr aber sieht das Herz“ (1 Sam 16,7). In der deutschen Sprache gibt es als einen synonymen Begriff für „Reinigung“ das etwas altertümliche Wort „Läuterung“. Vermutlich zählt es nur noch bei wenigen Zeitgenossen zum aktiven Wortschatz, aber vielleicht haben wir noch eine Vorstellung davon, was damit gemeint ist. Wer wünscht sich nicht, Menschen mit lauteren Herzen um sich zu haben, die uns in lauterer Freundschaft verbunden sind? Zur Lauterkeit gehört die Läuterung; zum Himmel gehört das Fegefeuer – so der Gedankengang der frühen christlichen Theologen.

Wieso ist nun aber in der deutschen Sprache aus dem Purgatorium, dem Ort der Reinigung bzw. der Läuterung, das Fegefeuer geworden? Was hat Feuer mit Läuterung zu tun? Wäre es nicht viel sinnfälliger, das Bild des Wassers zu verwenden? Ich erinnere mich da an eine Kabarettsendung mit Jürgen Becker im WDR-Fernsehen. Der aus Köln – der Stadt, die Katholizismus und Frohsinn gleichberechtigt in die DNA eingeschrieben bekommen hat – stammende Becker hat sich in seinen Bühnenprogrammen sehr häufig mit dem Thema „Religion und Kirche“ befasst. In dieser Sendung wollte er seinem Publikum verschiedene theologische Grundfragen näherbringen, darunter auch die Bedeutung des Fegefeuers. Dafür hat er als Gast den ebenfalls aus Köln stammenden Pfarrer Franz

Meurer eingeladen. Meurer ist über die Stadtgrenzen von Köln hinaus bekannt und populär geworden, weil er sich in seiner Gemeinde rückhaltlos und kreativ für Schwache und Benachteiligte einsetzt und einen sehr direkten, unverblümten und lebensnahen Kommunikationsstil ohne theologische Wortgirlanden pflegt. Der Pfarrer trat vor das Studio- und Fernsehpublikum und hatte ein Playmobil-Badezimmer mitgebracht, um das Fegefeuer zu erklären. Ihm zufolge wäre es völlig verzichtbar, von Feuer zu sprechen, wenn wir verstehen wollten, was theologisch gemeint sei. Statt dieses vor allem Angst machenden Bildes, das obendrein in der Gefahr steht, mit der Hölle verwechselt zu werden, empfahl er die Metapher des Wassers. So wie jeder Mensch, der von der Arbeit (oder vom Spiel) draußen ins Haus komme, zunächst ins Badezimmer gehe, um sich zu säubern von den Dingen, die klebrig oder schmutzig an ihm haften, so könne man sich ungefähr das Fegefeuer vorstellen. Bevor wir in den Himmel eintreten könnten, müssten wir erst den Schmutz der dunkleren Seiten unseres Lebens loswerden. Das Bild des Wassers als Reinigung, das Franz Meurer angeboten hat, ist zweifellos um einiges sympathischer als das des Feuers. Es verspricht zumindest assoziativ, weniger schmerzvoll zu sein und zeichnet sich unserer allgemeinen Lebenserfahrung nach durch eine evidente Plausibilität aus. Gleichzeitig gibt es in diesem Zusammenhang auch für das Feuer metaphorische Bezüge. Diese begegnen uns allerdings in aller Regel nicht so alltäglich wie das Wasser im Badezimmer. Wir müssen zur Erschließung der Fegefeuer-Bildwelt in den Bereich des Bergbaus und Erzverarbeitung hineinschauen – verbunden mit der Gefahr, dass ich selbst hier kein großer Experte bin. Wenn der Mensch nach Metallen in der Erde sucht und gräbt, dann findet er sie nie in Reinform, sondern als Erz. Die einzige Ausnahme stellt in diesem Zusammenhang Gold dar, das immer nur als reines Gold vorkommt, wie ich mir am Rande eines Vortrags habe versichern lassen. Solche Mineral-Metall-Gemenge müssen intensiv bearbeitet werden, um sie in ihre einzelnen Komponenten zu trennen und damit das zu gewinnen, was ich brauche, z. B. Eisen oder Silber. Der Vorgang des Trennens der einzelnen Bestandteile eines Erzes geschah in der Vergangenheit vor allem durch starkes Erhitzen. Aufgrund unterschiedlicher Schmelzpunkte kann man das Metall aus dem Erzgemenge herauslösen. Das Feuer – so könnte man etwas poetischer formulieren – hat die Kraft, das Edle vom Unedlen zu trennen. Dieser Gedanke steht Pate beim Bild des Fegefeuers. In den Flammen des Fegefeuers wird der Mensch nach seinem Leben, das in je eigentümlicher Weise ein Gemenge von Gutem und Schlechten ist, gereinigt, sodass nach dieser Läuterung nur noch das Klare, das Reine, das Edle bleibt, das im Himmel zur Vollendung kommt. Das Schlechte, das Böse, das Unedle wird im Fegefeuer ausgelöst und abgesondert.

Feuer oder Wasser – beide Elemente der Natur sind und bleiben Bilder! Sie sollen den abstrakten Gedanken begreiflich und anschaulich machen, dass das menschliche Leben eine amalganisierte Verbindung von Bemühen und Versagen ist, die durch unsere Kraft allein nicht aufgelöst werden kann. Dazu bedarf es einer höheren Macht, der Macht des Richters.

Gerichtet werden – wonach und wohin?

Die richterliche Gewalt hat kultur- und epochenübergreifend eine besondere Bedeutung. Der Spruch eines Gerichts – zumindest in der letzten Instanz – hat eine unumstößliche Geltung innerhalb eines gesellschaftlichen Systems. Im Kontext von Gewaltenteilung und Rechtsstaatlichkeit ist die richterliche Unabhängigkeit eine unverzichtbare Grundlage für das Funktionieren des Gefüges und seiner wechselseitigen Kontrollmechanismen insgesamt. Mit einem Richter oder einer Richterin tatsächlich im eigenen Leben zu tun zu haben, ist in der Regel – zumindest für alle juristisch wenig Erfahrenen – ein bemerkenswertes Erlebnis. Ich selbst hatte bisher nur einmal mit einem Gericht zu tun. Es ging um eine Mieter-Vermieter-Sache, ein Streit um Nebenkostenabrechnungen. Gütliche Einigungsversuche im Vorfeld waren gescheitert und so kam es zu einer gerichtlichen Klärung. Ein Brief vom Amtsgericht informierte mich über das Datum und die Uhrzeit der Verhandlung und das Gebäude sowie den Raum, in dem wir uns einfinden sollten. Zudem gab das Schreiben Auskunft über den Richter, der diese Verhandlung führen würde.

Als meine Anwältin das Schreiben las, entfuhr ihr ein spontaner Ausruf freudiger Überraschung: „Ah, den Richter kenne ich! Da weiß ich, wie wir vorgehen müssen."

Vielleicht lohnt es sich an dieser Stelle für den Fortgang unserer Überlegungen, diese irdischen Erfahrungen zum Ausgangspunkt zu machen für eine Analogie mit unseren theologischen Fragen. Wir alle haben ein solches Schreiben vom Gericht ja eigentlich schon bekommen: Wir wissen, dass wir sterben werden! Freundlicherweise sind Datum und Uhrzeit nicht mitgeteilt. Auch der Ort unseres Todes ist offen.

Aber in der Zeile, in der der Name des Richters zu lesen war, hätten Christen ja schon eine Antwort. Denken wir nochmals an die imposanten Bilder von Michelangelo und Lochner. Richter: Jesus Christus. Und in Analogie zu meinen Erfahrungen mit einem irdischen Amtsgericht (dort gab es übrigens kein Urteil für mich, sondern einen Vergleich) könnte uns nun auch der Ausruf meiner Anwältin entfahren: „Ah, den Richter kenne ich!“ Wir wissen ja schließlich so einiges über den Richter Jesus Christus. Und wir könnten versuchen, unser „Vorgehen“ nun darauf abzustimmen.

Wahrheit – Leben – Liebe

Was wissen wir denn über unseren Richter Jesus Christus? Auskünfte finden sich in der Bibel. Ich möchte drei Passagen johanneischer Theologie zitieren, die ich sehr aufschlussreich finde.

„Ich bin der Weg und die Wahrheit und das Leben;
niemand kommt zum Vater außer durch mich.“
(Joh 14,6)

„Ich bin gekommen, damit sie das Leben haben
und es in Fülle haben.“
(Joh 10,10)

„Gott ist Liebe; und wer in der Liebe bleibt, der bleibt in Gott und Gott in ihm.“
(1 Joh 4,16)

Wenn man diese drei Verse zusammenfassen will, könnte man sagen: Die Begegnung mit dem Richter Jesus Christus ist eine Begegnung mit Wahrheit, Leben und Liebe. Vielleicht muss man es etwas deutlicher formulieren: Begegnung mit DER Wahrheit, DEM Leben und DER Liebe. Also nicht etwa irgendeiner Wahrheit, einem Teil von Leben oder einem bisschen Liebe. Nein, es geht hier um die Wahrheit, das Leben und die Liebe schlechthin; um die ganze Wahrheit, die Fülle des Lebens und die rückhaltlose Liebe – ohne Wenn und Aber. Es lohnt sich, darüber etwas länger nachzudenken bzw. diesen Verheißungen nachzuspüren. Fangen wir mit der Wahrheit an. Wie ist es, DER Wahrheit zu begegnen – der Wahrheit über mich und über mein ganzes Leben? Ich möchte verschiedene Facetten einer solchen Begegnung an drei Beispielen zu illustrieren versuchen.

Vor etlichen Jahren gab es ein Jubiläumstreffen unseres Abiturjahrgangs. Wir waren damals über 100 Abiturientinnen und Abiturienten und sehr viele davon trafen sich zunächst nachmittags in unserer alten Schule. Man erkannte sich wieder – meist sofort, zuweilen erst auf den zweiten Blick. Wir konnten uns vom nun amtierenden Schulleiter unsere alte Wirkungsstätte zeigen lassen; anschließend ging es in ein Lokal, in dem Essen und Trinken für uns reserviert waren. Man saß beisammen und redete viel über „früher“. Hin und wieder nahm man sein Getränk in die Hand und wechselte mal den

Tisch oder der eigene Tisch wurde von alten Freunden erweitert, die sich dazusetzten. So setzte auch ich mich irgendwann an einen Tisch, an dem bereits fünf oder sechs ehemalige Mitschüler und Mitschülerinnen im Gespräch waren. Einer von ihnen – ich nenne ihn hier Norbert – war gerade mitten in einer Erzählung aus den Zeiten, als wir ziemlich neu am Gymnasium und alle noch sehr jung waren. Norbert war immer der Kleinste und Schmächtigste in unserer Klasse und er berichtete, wie er häufig „beliebtes" Ziel übler Scherze war. So sei er beispielweise mehrfach von seinen Mitschülern während der Pause mit dem Hinterteil in den Papierkorb gesetzt worden, und zwar so tief, dass er sich nicht mehr selbstständig daraus befreien konnte. Solchermaßen im Papierkorb festsitzend, wurde er dann auf das Pult gestellt, bis nach der Pause Lehrer oder Lehrerin kam. Diese Vorkommnisse waren Norbert zufolge zwar nicht körperlich schmerzhaft gewesen, aber er wisse noch genau, wie „demütigend" (Zitat Norbert) es sich für ihn angefühlt hat. Ich selbst konnte mich an diese Geschichten nicht erinnern. Allerdings weiß ich nur zu gut, dass ich damals der Größte und Stärkste in unserer Klasse war. Und es würde mich sehr verwundern, wenn solche Dinge ohne meine Mitwirkung oder gar Rädelsführerschaft vonstattengegangen wären. Nun saß ich also in dieser Gastwirtschaft mit meinem Bier, hörte diese Geschichte von „früher" und es war mir unheimlich peinlich! Peinlich – dieser Begriff klang bereits in der Einleitung mit den ersten Vorstellungen zum Thema an, als dort das Gebet aus meinem Elternhaus zitiert war: „… ach sie leiden große Pein, wollest ihnen gnädig sein …", hieß es dort. Pein ist ein anderes Wort für Schmerz. Der Wahrheit zu begegnen kann etwas Peinliches haben. Wir benutzen den Begriff in der Regel in einer eher verniedlichenden Art und Weise für Zusammenhänge minderschwerer Relevanz. Ich empfand die Situation allerdings als weder niedlich noch von minderschwerer Relevanz. Es war schmerzhaft.

Das zweite Beispiel für eine Facette, wie es ist, der Wahrheit zu begegnen: Wir müssen den Schauplatz gar nicht verlassen. Der Abend unseres Abitreffens wurde sehr lang und dauerte bis in den frühen Morgen. Zu einem späteren Zeitpunkt saß ich auf einer Bank zwischen – wir nennen sie hier – Manuela und Nicola. Die beiden ehemaligen Mitschülerinnen, rechts und links von mir sitzend, unterhielten sich eine Weile sowohl buchstäblich wie auch im übertragenen Sinne über mich. Wieder ging es um alte Geschichten und wieder konnte ich mich selbst, wie schon bei Norbert, nicht an diese Begebenheiten erinnern. Sie waren ganz anders gelagert als der zuvor geschilderte Zusammenhang. Mir sind durchaus ganz andere Seiten von mir gespiegelt worden, von denen ich nicht dachte, dass ich sie gehabt hätte. Es ist dabei ein bisschen schwierig ins Wort zu heben, wie ich mich damit gefühlt habe. War es bei Norbert noch eindeutig und unmittelbar „peinlich", war es später durch diese Begegnung irgendetwas zwischen „erstaunt", „beglückt" und „beschwingt". Eine genaue Definition ist auch nicht von besonders zentraler Bedeutung; es genügt vielleicht die Ahnung, wie anders die Begegnung mit Wahrheit sein kann.

Schließlich möchte ich noch ein drittes Beispiel anfügen, mit dem wir jetzt mein persönliches (Er)Leben verlassen. Vor einiger Zeit las ich ein Interview mit einem leitenden Kriminalbeamten einer Münchener Mordkommission. Die Fragen drehten sich im Wesentlichen darum, das Bild von der Arbeit eines Polizeikommissars, das sich passionierte Krimifans anhand vieler TV-Formate gemacht haben, einem Realitätscheck zu unterziehen. So gibt es beispielsweise in Deutschland glücklicherweise gar nicht so viele Mordfälle, wie man vermuten könnte, wenn man die Präsenz dieses Themas in Fernsehkrimis bedenkt. Es gibt sogar Zeiten, in denen eine Mordkommission keinen aktuellen Fall zur Bearbeitung hat. In solchen Phasen nehmen sich die Beamten dann ältere ungelöste Fälle aus dem Archiv nochmals vor. Dank neuer kriminaltechnischer Methoden, hier ist wohl insbesondere die DNA-Analyse zu nennen, gelingt es sogar häufig, solche Fälle, die zum Teil viele Jahre zurückliegen, aufzuklären. Der interviewte Kriminalbeamte berichtet in diesem Zusammenhang von dem Fall eines Mordes an einem 14-jährigen Mädchen, den er 24 Jahre nach der Tat noch lösen konnte. Der ermittelte, zunächst mutmaßliche und später verurteilte Täter lebte noch und konnte verhaftet werden. Aus der Vernehmung dieses Mannes berichtete der Kommissar diesen bemerkenswerten Originalton des Täters: „Die letzte Nacht hier in der Untersuchungshaft war die erste Nacht seit 24 Jahren, in der ich wieder durchgeschlafen habe." Mich hat dieser Satz, als ich ihn gelesen habe, total frappiert. Da hat ein Mann etwas Schreckliches getan. Seine Tat hat er 24 Jahre lang zu verbergen gewusst. Diese 24

Jahre waren aber offenbar keine guten Jahre für den Mann. Er war um seine Ruhe oder seinen inneren Frieden gebracht. Die Kraft, reinen Tisch zu machen und sich zu stellen, konnte oder wollte er nicht aufbringen. Doch schließlich kam die Wahrheit ans Licht – ob er wollte oder nicht – und es war für ihn: eine Erlösung!

Diese drei Beispiele, wie es sein kann, der Wahrheit zu begegnen, sind gewiss keine erschöpfende Auslotung dieses Geschehens. Aber es kann vielleicht eine Ahnung davon vermitteln, wie vielschichtig eine solche Erfahrung sein kann; von „peinlich" über „erstaunlich" und „beglückend" bis hin zu „erlösend". All diesen Erfahrungen liegt dabei etwas Verbindendes zugrunde: Sie kommen aus uns selbst heraus. Hier stellen wir eine fundamentale Grenze des Versuchs fest, irdische und himmlische Gerichtsbarkeit zu analogisieren. In irdischen Gerichtsverfahren geht es zwar zweifellos auch um Wahrheitsfindung. Deren zuweilen engen Grenzen wird aber niemand ernsthaft bestreiten wollen. Außerdem steht am Ende eines Prozesses (in der Regel) ein Urteil, das verhängt wird und mit dessen Konsequenzen die Beteiligten leben müssen. In den drei geschilderten Beispielen wird etwas anderes deutlich. Die Begegnung mit der Wahrheit verändert mich, ohne dass es einen Richterspruch, ein Urteil bräuchte. Angesichts der Wahrheit wird *mir* in der Begegnung alles klar. Vor diesem Hintergrund hat die neuere Theologie die Rede vom Gericht erweitert und spricht heute mehr vom *Selbstgericht* als vom Gericht. Der Richter braucht nur da zu sein. Die Anklage entfällt, ein Urteil muss nicht verhängt werden. Es stellt sich bei uns *selbst* ein. Um es vielleicht nochmals an eines der drei Beispiele zurückzubinden: Norbert hat mich überhaupt nicht persönlich angesprochen oder mir gar Vorwürfe macht. Er hat unter Umständen nicht einmal registriert, dass ich inzwischen in der Gesprächsrunde dazugekommen war. Die Wahrheit war einfach da – ohne Anklage. Das Gericht begann in mir selbst. „Die Wahrheit wird euch befreien“, sagt Jesus in Joh 6,32.

Richtfest mit ängstlicher Zuversicht?

Zu Beginn des vorangegangenen Abschnittes wurden drei Bibelstellen johanneischer Theologie eingeführt, um etwas über den Richter in Erfahrung zu bringen. Die anschließenden Gedanken kreisten dann zunächst nur um die Frage, wie es ist, der Wahrheit zu begegnen – mit dem Ergebnis, die Vorstellung des Gerichts zu erweitern zu einem Geschehen, das mit dem Begriff „Selbstgericht“ vielleicht passender eingefangen ist. Die anderen beiden Bibelstellen sind bisher noch nicht weiter bedacht worden. Der Richter ist ja nicht nur Wahrheit. Er ist auch Leben und Liebe. Er will, dass wir das Leben in Fülle haben. Ein Bild von einem missgünstigen oder argwöhnischen Richter, der nur darauf gelauert hat, uns endlich unsere Sündenlitanei vortragen zu können, um anschließend genüsslich ein passendes und zwar nicht zu knappes Strafmaß in Form von Qualen im Fegefeuer oder gleich einem Gang in die Hölle verhängen zu können, will dazu so gar nicht passen. „Das geknickte Rohr zerbricht er nicht und den glimmenden Docht löscht er nicht aus“, heißt es in Jesaja 42,3 prophetisch über den

Gottesknecht. Die heutige Theologie profiliert vor diesem Hintergrund das Richterbild neu und stellt ein anderes Bild in den Vordergrund: Jesus als Retter! Er will das Leben. Er ist Liebe. Der Richter wird zum Retter. Das ist übrigens keine Neuigkeit in der Theologie. Schließlich bedeutet der Name Jesus – als latinisierte Form des hebräischen Joshua – übersetzt nichts anderes als „Gott rettet". Sein Name ist also bereits Programm. Und wenn wir an Weihnachten zur Stillen Nacht „Jesus, der Retter ist da" singen, ist das sozusagen eine theologische Tautologie.

Für unsere Überlegungen ist es zudem interessant, in eine breite Bedeutungsvielfalt des Begriffs des Richters hineinzuhorchen, die sich dann erschließt, wenn man das Verb klingen lässt, von dem her sich die Nominalform „Richter" herleitet – nämlich „richten". Es gibt zum einen den eher juristischen Kontext, der bislang in unseren Gedankengängen den Rahmen geboten hat. Richten findet seine Verwendung aber ebenso im handwerklichen Kontext. Gerade in süddeutschen Gegenden bringt man schadhafte Dinge, wenn sie mit Holz zu tun haben, etwa zum Schreiner, damit er es richten möge. Eine Kollegin aus Bayern erzählte am Rande einer Konferenz von einem Fahrradunfall, infolgedessen sie ihr Rad in eine „Radrichterei" gebracht hätte. Zum täglichen Geschäft eines Chirurgen gehört es, gebrochene Knochen wieder zu richten. In all diesen Zusammenhängen geht es darum, etwas heil zu machen. Bekommt das Richten noch eine Vorsilbe, sehen wir weitere Bilder vor unserem inneren Auge. Ein Gastgeber bemüht sich im Herrichten der Tafel um eine gemütliche oder festliche Atmosphäre; wenn ein kleines Kind gefallen ist, kommen die Eltern, um es wieder aufzurichten. Um das Gleiche bemüht sich vielleicht der Partner bei seinem von Misserfolgen niedergeschlagenen und missmutigen Freund. Schließlich hilft es einer Fußballmannschaft, die lange Zeit erfolglos geblieben ist, wenn ein Trainer sie neu ausrichtet. Überhaupt ist es gut im Leben, immer wieder Hinweise zu bekommen, in welche Richt-ung ich gehen könnte, um Zufriedenheit und Erfüllung zu finden. Zum Glück bewahrt sich unsere Sprache also ein Bewusstsein, wie viel Gutes, Heilsames und Not-Wendendes sich mit dem Richten verbindet. In welcher Haltung wir auf das Richten Gottes zugehen dürfen, wird im ersten Johannesbrief deutlich, wenn wir an der Stelle weiterlesen, die weiter oben bereits zitiert war. In 1 Joh 4,16 heißt es „Gott ist die Liebe, und wer in der Liebe bleibt, bleibt in Gott und Gott bleibt in ihm.“ Direkt danach geht es im Brief folgendermaßen weiter:

„Darin ist unter uns die Liebe vollendet,
dass wir am Tag des Gerichts Zuversicht haben. (...)
Furcht gibt es in der Liebe nicht,
sondern die vollkommene Liebe vertreibt die Furcht.
Denn die Furcht rechnet mit Strafe,
wer sich aber fürchtet, ist nicht vollendet in der Liebe.
Wir wollen lieben, weil er uns zuerst geliebt hat.“

Diesen Satz muss man vielleicht zweimal lesen. Am Tag des Gerichts sollen wir Zuversicht haben – keine Furcht. Furcht und Liebe passen nicht zusammen! An dieser Stelle sei nochmals an die eingangs betrachteten Bilder vom drohenden Gericht erinnert, mit Höllenqualen für diejenigen, die im Gericht nicht bestehen können. Das Evangelium bleibt eine unüberbietbare und eigentlich gar nicht zu fassende Frohbotschaft für uns Menschen! Bilder oder Gebete, Predigten oder gottesdienstliche Gesänge – manche Leserinnen und Leser kennen vielleicht noch das Lied „Strenger Richter aller Sünder, der du uns so schrecklich drohst" – dürfen das nicht verdunkeln oder gar pervertieren. Wir dürfen an ein Richtfest glauben!

Für Verstorbene beten?

Viele, vor allem katholische Christen kennen verschiedene Rituale oder Gebräuche, die einerseits althergebracht gepflegt werden, aber andererseits immer häufiger dahingehend kritisch hinterfragt werden, welchen Sinn diese Vollzüge denn überhaupt noch machen. Warum soll ich für Verstorbene beten, wenn sie doch bei Gott schon ihre Vollendung gefunden haben? Wofür soll ich „eine Messe bestellen", also eine Messintention veranlassen, die obendrein mit einer Geldleistung verbunden ist? Solche Fragen sind sehr berechtigt. Auch wenn aufgrund einer in der Vergangenheit häufig sehr fragwürdigen Praxis solche Bräuche heute tatsächlich nicht mehr unmittelbar einleuchten, verbirgt sich darin vielleicht doch ein guter, ein gemeinschaftsstiftender Gedanke. Um diesen zu entfalten, müssen wir allerdings mit zwei Schritten etwas weiter ausholen. Zunächst der erste Schritt:

Unser Leben vollzieht sich unter der Bedingung fortschreitender Zeit. Zur Erläuterung geschichtlicher Zusammenhänge greift man gelegentlich auf die Darstellungsform eines Zeitstrahls zurück. Damit vermag man etwa verschiedene Epochen, das Nacheinander von Ereignissen, die Entwicklung von Zusammenhängen oder die Spanne von verschiedenen Lebensdaten übersichtlich zu illustrieren. Wir sind gewohnt, Zeit als eine sich linear und dabei nicht umkehrbare Linie zu denken. Wir greifen hier auf diese Vorstellung zurück und können festhalten, dass jede und jeder von uns eine bestimmte Lebensspanne auf dem Strahl der Zeit hat, gehabt hat oder haben wird. Meine Lebensspanne z. B. begann im Jahr 1973 – es war in der Einleitung bereits kurz die Rede davon. Das Ende ist derzeit noch offen. In der Einleitung war auch von meiner Großmutter die Rede, deren Leben 1982 endete; geboren wurde sie 1890. Neun Jahre unserer beiden Lebensspannen – 1973 bis 1982 – haben sich sozusagen überschnitten. Diese Zeit haben wir gemeinsam verbracht und unser Leben geteilt. Der eine ist so mehr oder weniger Teil des anderen geworden.

Meine Großmutter hatte einen Ehemann. Mein Großvater ist Jahrgang 1886, gestorben ist er schon 1962. Ich habe ihn also nicht persönlich kennengelernt. Und doch war und ist er mir nicht vollkommen fremd. Ich bin ihm, z. B. über meine Großmutter, verbunden. Sie hatte schließlich viele Jahre ihres Lebens mit ihm verbracht. Damit ist sie irgendwie mehr oder weniger Teil seines Lebens geworden und er Teil ihres Lebens. Indem ich nun mein Leben für einige Jahre mit meiner Großmutter geteilt habe, war ich über sie auch ein wenig mit meinem Großvater verbunden, obwohl sich unsere Lebensspannen nicht direkt überschnitten haben. Meine Großmutter war gleichsam eine Brücke zwischen uns. Durch sie bzw. dadurch, dass Opa irgendwie ein Teil von ihr geworden war, habe ich eine Verbindung zu ihm. Dieser Gedanke lässt sich fortsetzen. Ich habe eine Tochter, die 1997 geboren wurde. Sie kannte also meine Oma nicht mehr, gleichwohl ist sie mehr oder minder mit ihr verbunden, weil meine Tochter ja mit mir verbunden ist und ich wiederum mit meiner Oma verbunden war. In dieser Hinsicht ist meine Tochter sogar auch mit meinem Opa, also ihrem Urgroßvater verbunden, auch wenn zwischen seinem Tod und ihrer Geburt 35 Jahre liegen. Hier endet der Einblick in die Familienkonstellation, die diesen Grundgedanken illustrieren sollte: Wir sind als Menschen alle miteinander verbunden. Wir lernen andere Menschen kennen, sie werden auf diese Weise irgendwie ein Teil von uns und wir tragen sie damit auch zu anderen Menschen weiter. Man könnte damit sagen: Alle Menschen sind immer schon – qua Menschsein – eine natürliche Solidargemeinschaft. Wir gehören durch alle Zeiten fest und unauflöslich zusammen. Ohne die anderen gäbe es mich gar nicht.

Nach diesen Überlegungen holen wir nun in einem zweiten Schritt Gott ins Spiel. Die göttliche Existenz vollzieht sich nicht wie die menschliche unter den Bedingungen von Zeit. Der Modus Gottes ist die Ewigkeit. Der Begriff Ewigkeit ist dabei schneller gesagt oder geschrieben als verstanden. Ewigkeit ist in gewisser Weise ein Platzhalterwort für etwas, was wir nicht zu begreifen vermögen. Zeit und Ewigkeit lassen sich nicht ineinander übersetzen. Wir können allenfalls ahnen, dass all das, was wir über Zeit annehmen, für Ewigkeit nicht gilt. Im Modus von Zeit spielen z. B. Anfang und Ende, vorher und nachher, Werden und Vergehen eine Rolle. Bei Ewigkeit gilt dies wohl nicht. Ewigkeit heißt vor allem: zeitenthoben oder zeitunabhängig. Einen Geschmack für die Geheimnishaftigkeit von Ewigkeit und damit für die Geheimnishaftigkeit von Gott selbst können wir in einer für die ganze Bibel und damit für das jüdisch-christliche Gottes- und Weltbild zentralen Perikope finden: der Begegnung von Gott und Mose im brennenden Dornbusch. Mose fragt Gott dort nach seinem Namen und erhält eine Antwort (Ex 3,14). Im hebräischen Text steht dort ein Wort, dass mit unseren Buchstaben JHWH wiedergeben und in der Regel als „Jahwe" ausgesprochen wird. Eine Übersetzung in die deutsche Sprache ist schwierig. JHWH ist eine konjugierte Form unseres Verbes „sein" und zwar in der ersten Person, also der Ich-Form. In der deutschen Sprache können wir ein Verb allerdings nur konjugieren, indem wir es fest einer Zeitform zuordnen. Ich kann also entweder sagen „Ich bin" (Gegenwart) oder „Ich war" (Vergangenheit) oder „Ich werde sein" (Zukunft). Im Hebräischen kann ich dagegen, anders als im Deutschen, ein Wort konjugieren, ohne es einer Zeitform zuzuordnen. JHWH meint sowohl „Ich bin" wie auch „Ich war" wie auch „Ich werde sein". Eine Übersetzung müsste drei Zeitformen gleich-zeitig zum Ausdruck bringen. Wir müssen diese exegetische Herausforderung an dieser Stelle nicht bewältigen; für unseren Zusammenhang ist nur bedeutsam zu ahnen, wie Gott ist und was Ewigkeit meint. Gott IST. IMMER. Ohne vorher oder nachher. Vor

Gott ist alles gleich-zeitig. Anders formuliert: Wir stehen alle immer gleichzeitig vor Gott. Die Zeit, die unser Leben strukturiert in voneinander getrennte Sequenzen, in lineare Abfolgen, die einen Anfang und ein Ende haben, diese Zeit ist vor und in Gott aufgehoben. Vor diesem Hintergrund gewinnt die Frage, ob wir für Verstorbene beten sollten, durchaus Sinn. Wenn wir alle gleichzeitig vor Gott stehen, bedürfen wir alle immer gleichzeitig des anderen. Wir sind darauf angewiesen, dass wir füreinander einstehen. Dies vor Gott im Gebet zum Ausdruck zu bringen, ist gewiss kein veraltetes Ritual. Es bleibt überzeitlich aktuell. Der Frankfurter Theologe Medard Kehl hat in diesem Zusammenhang formuliert:

„Darin liegt ja gerade das (...) Geheimnis des Heilswillen Gottes: Er bezieht unser solidarisches Tun füreinander mit ein in sein rettendes Handeln an den einzelnen Menschen. Auf diese Weise erhört er unser Beten für die Lebenden und die Verstorbenen.
Denn seine Erhörung besteht ja nicht darin, dass er zeitlich erst nach unserem Gebet darauf ‚re-agiert', sondern indem er immer schon zum Heil jedes Menschen ‚agiert' und dabei unser (zu welcher Zeit auch immer gesprochenes) Gebet diesem Menschen zugute kommen lässt, wann und wie dieser es für sein Heil braucht ... ohne dass wir erkennen können, ‚wie' das geschieht. Es genügt, auf das ‚Dass' zu vertrauen und die konkrete ‚Zuwendung' unseres Betens zum Heil eines Menschen getrost Gott zu überlassen.“[1]

---

1 Medard Kehl, Und was kommt nach dem Ende?, Kevelar 2005, S. 137f.

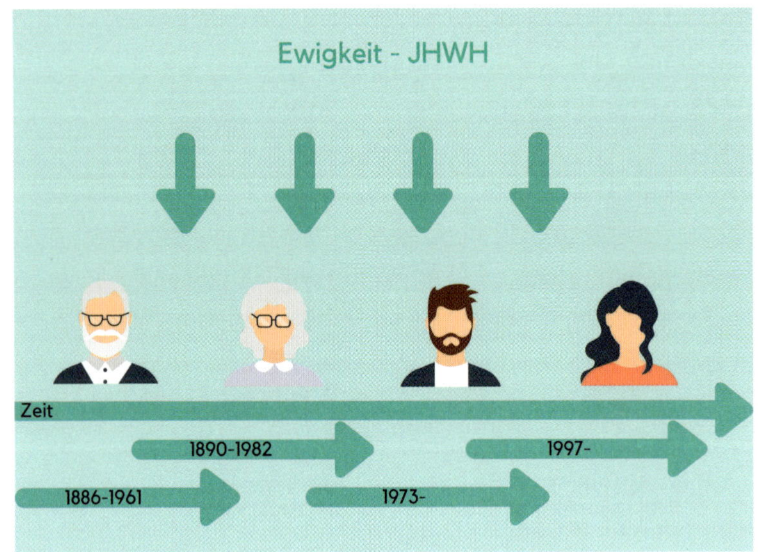

„Wie lange?“ und „Mit wem gemeinsam?“

Es gibt noch einen weiteren Aspekt aus dem Reigen eschatologischer Fragestellungen, der hiermit berührt ist, nämlich die klassische theologische Unterscheidung von besonderem bzw. persönlichem Gericht einerseits und dem allgemeinen Gericht andererseits. Was ist damit gemeint? Theologisch kann man die Beschäftigung mit den letzten Dingen grundsätzlich in zwei verschiedenen Perspektiven betrachten – einmal hinsichtlich der Frage, was mit mir als einzelner, besonderer Person werden wird und einmal hinsichtlich der Vollendung der Menschheit allgemein, der Welt als Ganzem. Das Gericht über die Welt allgemein verbindet man traditionell mit der messianischen Rede vom „Jüngsten Tag“. Was passiert nun aber mit all den vielen Menschen, die vor dem „Jüngsten Tag“ bereits gestorben sind und noch vorher sterben werden? Im Credo der christlichen Kirchen bekennen wir, dass Jesus Christus, der Menschensohn und Weltenrichter wiederkommen wird, um „zu richten die Lebenden und die Toten“. Eine Antwort der Theologie war daher, dass die Toten warten müssen auf diesen letzten Tag des Gerichts, an dem sie aus ihren Gräbern befreit werden. Wie man sich einen solchen Wartezustand vorstellen kann, darüber ist viel nachgedacht worden. In der Theologie hat sich dann eine Vorstellung entwickelt, dass es zwei verschiedene Arten des Gerichts gibt: das persönliche Gericht über mein individuelles Leben, das direkt nach meinem Tod erfolgt. Und das allgemeine Gericht am Ende der Zeiten über die ganze Welt, an dem jeder Einzelne dann auch noch irgendwie beteiligt ist bzw. bis zu dem eine vollkommene Vollendung noch aussteht. Das persönliche Gericht wurde insofern als ein gewissermaßen vorläufiges oder nicht ganz vollständiges Gericht gedeutet.

Wir stoßen hier offenkundig theologisch an eine Grenze des Versteh- und Aussagbaren. Auf der einen Seite ist es ausgesprochen plausibel, dass das eigene individuelle Schicksal nicht losgelöst vom Schicksal aller anderen Menschen, die ja meine Mitmenschen sind und waren und sein werden, betrachtet und – um terminologisch in einer juristischen Sprache zu bleiben – verhandelt wird. Andererseits ist die Vorstellung eines Wartezustands oder einer Art vorläufigen Gerichts nicht besonders gut nachvollziehbar. Was sollte am Jüngsten Tag im Gericht über die ganze Menschheit noch dazukommen, was nicht in meinem besonderen Gericht nach meinem Tod bereits da gewesen wäre? Mithilfe des im vorangegangenen Abschnitt vorgestellten Schemas von Zeit und Ewigkeit lässt sich dieses Problem eines Auseinanderfallens meines eigenen Todes und des Kommens des Jüngsten Tages vielleicht anders betrachten. Wenn es zutrifft, dass sich Zeit und Ewigkeit nicht ineinander übersetzen lassen, dann könnten wir die Unterscheidung vom persönlichen und allgemeinen Gericht als ein „Terminproblem" betrachten, das lediglich unter den Maßgaben unserer zeitlichen Dimensionen zu bestehen scheint, und darauf vertrauen, dass in der Ewigkeit beides gleich-zeitig aufgehoben ist. Wir hängen zwar daran, uns die Dinge nur nacheinander vorstellen zu können; die Zukunft kommt doch noch, sie ist doch noch gar nicht gewesen! Wie kann sie vor Gott mit uns gleichzeitig sein? Man könnte aber ebenso gut zurückfragen: Muss Gott auf die Zukunft warten, um die Welt zu retten?

Bevor wir auf das Warten noch einige weitere Gedanken verwenden, möchte ich noch eine theologische Unterscheidung von Zeit einführen, die unser Verständnis bereichern kann. Wenn wir von Zeit sprechen, unterscheiden wir üblicherweise drei verschiedene Modi: Vergangenheit, Gegenwart und Zukunft. Grammatikalisch können wir mit der deutschen Sprache mehrere unterschiedliche Vergangenheitsformen zum Ausdruck bringen. „Ich habe einen Brief geschrieben", „Ich schrieb einen Brief" oder „Ich hatte einen Brief geschrieben". Auch für die Zukunft gibt es zwei verschiedene Möglichkeiten, etwas zu formulieren und damit Unterschiedliches auszusagen: „Ich werde einen Brief schreiben" (Futur I) und „Ich werde einen Brief geschrieben haben" (Futur II). Beide Sätze bringen zum Ausdruck, dass ich in der

Zukunft etwas ganz Bestimmtes machen werde. Wir haben – so scheint es zumindest – Verfügungsgewalt über die Zukunft. Die Zukunft ist für uns mehr oder weniger erwartbar. Wir richten uns jetzt schon in der Zukunft ein; wir planen, treffen Verabredungen, sorgen vor und sehen bereits Bilder unserer vollendeten Vorhaben vor unserem geistigen Auge, obwohl wir sie vielleicht noch gar nicht begonnen haben. Motivationstrainer wissen um die Energien, die in uns freigesetzt werden können, wenn wir uns ein möglichst klar und deutlich imaginiertes Ziel setzen. Gleichzeitig müssen sie psychologische Instrumente kennen, wie man mit der Enttäuschung umgeht, wenn es nicht so kommt, wie wir es uns ausgemalt haben. Denn diese Erfahrung kennt ebenfalls jeder. Wir haben uns etwas fest vorgenommen oder wir haben auf eine Sache intensiv hingearbeitet und viel investiert, aber es kam doch anders. Das gewünschte Ergebnis stellte sich nicht ein. Die Zukunft ist eben nicht vollständig prognostizierbar. Es passieren Dinge, die wir vorher nicht haben kommen sehen. In der Theologie gibt es zwei Sichtweisen für den Begriff Zukunft: „Futurum“ und „Adventus“. Futurum meint eine Sichtweise von Zukunft, in der wir die Dinge planerisch so gestalten, dass Ursache und Wirkung in unserer Hand liegen und sich die Zukunft also unserem Tun und unserer Aktivität verdankt. Adventus dagegen ist eine Haltung gegenüber der Zukunft, die offenhält bzw. darauf vertraut, dass da etwas auf uns wartet, was wir heute noch gar nicht sehen können. Adventus hat damit zu tun, meine Zukunft nicht auf meine Aktivität zu gründen, sondern auf die Verheißung Gottes zu bauen. Während der Zukunftsmodus des

Futurum zu tun hat mit Planen, Rechnen, Losgehen, Aktivität, und (Vor)Sorge, verbinden sich mit der Sicht von Zukunft als Adventus eher Begriffe wie Vertrauen, Offenheit, kommen lassen, Platz lassen und Raum geben. Letztlich ist es die Frage an uns, ob wir die Zukunft machen oder (er)warten wollen.

Der Begriff des Wartens führt uns in spannende Perspektivwechsel. Wer wartet eigentlich auf wen oder was? Wartet der Mensch auf Gott? Wartet die Zeit auf die Ewigkeit? Oder wartet Gott auf den Menschen? Wartet die Ewigkeit auf das Ende der Zeit? Warten verbindet sich in unserer Vorstellung und nach unserer Erfahrung mit etwas Statischem. Wer wartet, der ist nicht unterwegs; er verharrt, ist zur Passivität verurteilt und wartet eben vielmehr darauf, dass etwas anderes, das gerade unterwegs ist, endlich zu ihm kommt – z. B. der Zug, wenn ich im Bahnhof stehe, oder der Brief, der mir Auskunft über die Befunde meiner medizinischen Untersuchungen oder über die Ergebnisse meiner absolvierten Prüfungen geben soll. Warten ist nicht leicht. Warten spannt den Wartenden an; es ist spannend zu warten. Wer wartet, braucht Geduld. Wer ist nun der Gespannte – Gott oder der Mensch? Wer braucht Geduld mit dem anderen – Gott mit dem Menschen oder der Mensch mit Gott? Für den tschechischen Theologen Tomáš Halík ist das Glauben so etwas wie „Geduld mit Gott haben". Überhaupt ist für ihn Geduld eine zentrale Haltung, die uns die klassischen christlichen Tugenden erschließt. Glauben als Geduld mit Gott, Liebe als Geduld mit dem anderen Menschen und Hoffnung als Geduld mit mir selbst.

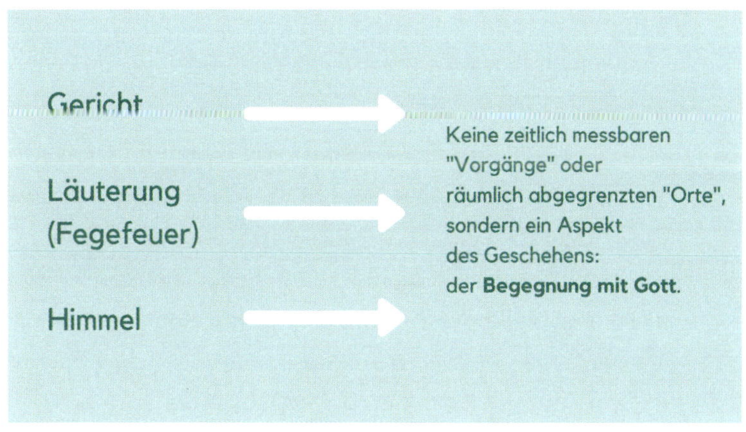

Für unseren Kontext von Himmel – Hölle – Fegefeuer spüren wir an dieser Stelle jedenfalls, dass die Kategorien von Zeit – so wie auch die Kategorien vom Raum – denkerisch überwunden werden müssen. Der Himmel ist kein Ort, den ich geografisch oder astronomisch beschreiben oder vermessen könnte. Und das Fegefeuer hat keine Dauer, die ich mit Uhr und Kalender in Stunden, Tagen oder Jahren angeben könnte. Wir können diese Dinge zwar nur nacheinander denken und zum Ausdruck bringen und doch sind sie keine zeitlich gemessenen Vorgänge an räumlich abgegrenzten Orten. Vielleicht kann man es näherungsweise so formulieren: Gericht, Läuterung und Himmel sind verschiedene Aspekte eines Geschehens: der Begegnung mit Gott, der Begegnung mit Wahrheit, Leben und Liebe.

Dass ein solches Geschehen mit mir persönlich und gleichzeitig mit allen anderen Menschen zu tun hat, kann ein wenig deutlicher werden, wenn wir das Gericht als ein Aufheben in drei verschiedenen Hinsichten verstehen. Zum einen meint Gericht, dass alles das in Gott aufgehoben bleibt, was wir in unserem Leben Gutes versucht, begonnen und vielleicht tatsächlich gewirkt haben. Gott hebt es für uns sorgfältig auf – ein Aufheben also im Sinne von Bewahren. Unser Leben ist vielleicht so etwas wie ein Schatzkästchen. Wir werden erstaunt und beglückt sein, was sich darin alles finden wird. Gleichzeitig wissen wir, dass manches in unserem Leben nicht gut war oder ist und vielleicht auch nicht mehr werden wird. Vielleicht fühlen wir uns gebrochen und niedergedrückt, vielleicht kriechen wir ins Gericht, anstatt gehen zu können. Auch da wird Gott aufheben, nämlich uns. Aufheben im Sinne eines Aufrichtens. Gott bewahrt nicht nur das Gute, er richtet Gestrauchelte auf – er hebt diejenigen auf, die am Boden liegen. Schließlich drittens: Die Welt und die Geschichte der Menschen sind verstrickt in Strukturen des Bösen, die wir allein nicht zu lösen vermögen. Es gibt Unheil und Ausweglosigkeiten, es gibt Ungerechtigkeiten und Gesetzmäßigkeiten, die sich nicht auf die Schuld eines einzelnen zurückrechnen lassen, die wir Menschen aber gleichzeitig nicht zu bewältigen imstande sind. Wir brauchen Gott, der diese Ungerechtigkeiten aufhebt. Nicht nur ich selbst bedarf des göttlichen Aufhebens aus meiner persönlichen Geschichte des Fallens. Die ganze Menschheit, die ganze Geschichte von Unterdrückungen und Ausbeutungen, von Regeln und Strukturen, die das Leben vieler nicht zur Entfaltung haben kommen lassen, werden von Gott aufgehoben und neu geordnet. Aufheben also im Sinne von „Altes ungültig machen". Im Himmel herrschen andere Gesetze.

Wie heiß ist die Hölle?

Die Frage nach der Existenz und gegebenenfalls Beschaffenheit der Hölle lässt sich vor dem Hintergrund der Überlegungen aus dem vorangegangenen Kapitel eigentlich recht zügig bearbeiten. Dass sich bei weiterem Nachdenken dann aber doch schwierige, ja vermutlich theologisch nicht lösbare Probleme stellen, werden wir später ebenso erkennen müssen. Aber zunächst zur Frage „Gibt es überhaupt eine Hölle?“ und „Wie können wir uns einen solchen Zustand vorstellen?“.

Wir rekapitulieren kurz einige der bisher angestellten Überlegungen. Gericht wird gedacht als eine Begegnung mit dem Richter Jesus Christus. Von diesem Richter glauben wir, dass er DIE Wahrheit, DAS Leben und DIE Liebe schlechthin ist. Angesichts einer im Gericht geschenkten Erkenntnis der Wahrheit über mein Leben wird mir alles klar; man könnte sozusagen von einer Ver-klärung sprechen. Aus dem Gedanken heraus, dass mir alles klar wird, es sich also um ein gleichsam innerliches Geschehen in mir *selbst* handelt, hat man in der Theologie den Begriff des Gerichts erweitert zum Bild des *Selbstgerichts*. Neben dem Gedanken, dass die Wahrheit ans Licht kommt – mit all seinen höchst vielschichtigen Reaktionen, die ein solches Geschehen in uns hervorrufen kann –, konturiert sich das Bild des Richters vor allem in die Richtung eines neuen Bildes, nämlich das des *Retters*. Der rettende Richter will Leben und er ist Liebe. Wir dürfen in seine Liebe eintauchen und das Leben in Fülle geschenkt bekommen. Er schließt *niemanden* von seiner Liebe aus. Denken wir hier z. B. an das Gleichnis vom verlorenen Sohn (bzw. den zwei verlorenen Söhnen und dem barmherzigen Vater). Ich kann gar nicht so weit weg sein vom Vater, dass es nicht trotzdem und immer einen Weg zurück gäbe. Der Sohn, der das Erbe bereits verprasst hatte, hat sich komplett von seinem Vater gelöst. Er war so weit weg und so weit unten, wie man es sich überhaupt nur vorstellen kann – beim Hüten von Schweinen. Wir müssen uns in diesem Zusammenhang ins Gedächtnis rufen, dass Schweine im Judentum unreine Tiere sind und gar nicht gehalten werden. Offenbar war der Sohn also nicht nur im geografischen Sinne weit weg gereist, sondern er hatte sogar mit seiner geistlichen Heimat gänzlich gebrochen, er hatte seine Wurzeln komplett gekappt. Dennoch wird er mit offenen Armen und einem rauschenden Fest empfangen, als er sich wieder seinem Vater anvertraut.

Wenn also dies alles zutrifft, wenn das Gericht ein Selbstgericht ist und der Richter unser Retter, der das Leben will und nicht den Tod oder die Verdammnis, wie komme ich denn dann in die Hölle? Der Richter will die Hölle nicht! Der Richter will Leben und ist Liebe! Die Antwort liegt eigentlich auf der Hand: Ich komme in die Hölle, wenn bzw. weil ich das selbst so will. Es klingt vielleicht verblüffend oder gar schockierend. Aber es ist plausibel. Der Richter will die Hölle nicht; er ist Liebe. Liebe ist dabei immer ein Geschehen, dass die Freiheit aller Beteiligten voraussetzt. Wir können niemanden zur Liebe bzw. zur Erwiderung unserer Liebe zwingen. Eine solche Erfahrung haben viele vermutlich schon einmal schmerzlich machen müssen. Der Mensch kann und

muss sich immer neu in Freiheit entscheiden. Er kann Liebesbriefe annehmen und positiv beantworten oder er kann die Annahme verweigern. Wir können nicht zur Liebe gezwungen werden.

Eine Figur in dem Gemälde „Die Hölle“ von Taddeo di Bartolo illustriert eine solche Haltung der absoluten Verweigerung sehr eindrücklich. Hermetisch sich abschirmend, ohne jede Offenheit für Impulse von außen, verharrt die Figur in ihrer Selbstbezogenheit, die jede Verbindung verweigert. Analog zur Entwicklung der Perspektiven von Gericht zu Selbstgericht und von Richter zu Retter spricht die Theologie heute daher nicht mehr von Hölle als Verdammnis, sondern von Hölle als *Selbstverdammnis*. Ich komme in die Hölle, wenn ich selbst mich in meiner Freiheit dazu entscheide.

Freiheit oder Gerechtigkeit?

Bei einem Vortrag zu dieser Thematik prägte der Freiburger Theologe Gisbert Greshake im Verlauf der Diskussion einmal den Satz: „Es gibt die Hölle, aber sie ist leer!“

Er wollte wohl damit zum Ausdruck bringen, dass wir die Existenz der Hölle nicht einfach und vorschnell aufgeben dürfen. Die Freiheit der Schöpfung und damit die Freiheit des Menschen ist nach biblischem Zeugnis absolut konstitutiv; und wenn wir diese Freiheit ernst nehmen und konsequent bis an ein Ende denken, dann gibt es denkerisch die Möglichkeit, dass jemand selbst angesichts der Liebe Gottes sagt: „Ich nicht." Greshake hält deswegen an der Existenz der Hölle theologisch fest, glaubt aber offenbar ebenso fest daran, dass sich niemand für diese Option des „Ich nicht" tatsächlich entscheidet. Vermutlich müssen wir diese Fragen offenhalten. Wir wissen nicht, was die Begegnung mit der Liebe Gottes mit einem Menschen macht. Interessanterweise hat die Kirche in ihrer zweitausendjährigen, wechselvollen Geschichte schon von vielen Menschen lehramtlich gesagt, dass sie sicher bei Gott im Himmel ihre Vollendung gefunden haben; sie hat aber noch von niemanden gesagt und gelehrt, dass er sicher in der Hölle wäre.

An dieser Stelle, also im Nachgang zu dem Gedanken einer Vorfreude auf das „Richtfest" und einer vielleicht leeren Hölle, kann man sehr berechtigt mit kritischen Nachfragen einhaken. Sind meine Bezüge zur Bibel nicht sehr selektiv? Gibt es nicht auch viele andere Stellen in der Bibel, in denen sehr deutlich davon die Rede ist, wie Menschen bestraft und in die ewige Finsternis verbannt werden? Ist der Duktus der Ausführungen, der vor allem auf einen Richter abstellt, der Wahrheit, Leben und Liebe ist, nicht zu harmlos angesichts der Gleichnisse von den bösen Winzern, den törichten Jungfrauen oder dem reichen Prasser? Nun, zweifellos gibt es diese und andere zahlreiche biblische Belege, dass unser Leben und die daraus erwachsenen Konsequenzen alles andere als harmlos sind. Jesus hält uns in aller Eindringlichkeit vor Augen, dass es die Option gibt, das eigene Heil endgültig zu verlieren! Diese Gleichnisse warnen uns, die dort beschriebenen Wege zu gehen – sie führen ins Unheil! Wir sollten dabei diese Bibelstellen aber vielleicht weniger als Verheißungen auffassen, sondern eher als eine Art Stoppschild: Geht hier nicht weiter, macht das nicht so, es führt euch vom Reich Gottes weg! Von diesen Warnungen unberührt bleibt aber doch die Hoffnung, dass jeder von uns, auch das letzte verlorene Schaf der Herde, zu seinem Hirten finden möge, und die Zusage, dass der Hirte nach *jedem* Schaf unter Einsatz seines Lebens suchen wird.

Kritikern, die die Rede vom Reich Gottes und seiner Vollendung im Gericht als harmlos missverstanden sehen, kann ich nur ausdrücklich zustimmen. Wir sollten uns jeden Tag aufs Neue beunruhigen lassen. Wir hoffen im Gericht schließlich auf die Herstellung von Gerechtigkeit; an dem Leben in Ungerechtigkeit sind wir allerdings alle beteiligt. Bisher haben wir das Geschehen des Gerichts mit seinem Aspekt von Läuterung mehr oder weniger implizit betrachtet als ein Geschehen zwischen jedem Individuum und dem Richter. Es war zwar bereits die Rede davon, dass wir als Mensch mit allen anderen Menschen in einer unauflösbaren Solidargemeinschaft verbunden sind, aber wir haben noch nicht in besonderer Weise den Aspekt betrachtet, dass ich in meinem Leben an anderen Menschen schuldig geworden bin – und dies vielleicht in gravierender Weise. Menschen fügen anderen Menschen unsagbares Leid zu! Besonders erschüttert uns schwerste Brutalität, mit der Menschen andere Menschen physisch oder seelisch verletzen, erniedrigen, verstümmeln oder gar vernichten. Nicht minder katastrophal in ihren Folgen sind Strukturen des Bösen, in denen wir – ohne es vielleicht zu merken oder zu beabsichtigen – andere Menschen im globalen und Generationen übergreifenden Maßstab ausbeuten und ihnen gerechte Lebenschancen nehmen oder verweigern. Es sollte uns zutiefst beunruhigen, dass wir Teil historischer, gesellschaftlicher und weltweiter Strukturen sind, unter denen andere Menschen leiden. Wir werden zum einen alle irgendwie schuldig an Menschen unseres direkten Umfelds. Wir werden zum anderen gleichzeitig schuldig aufgrund unserer Involviertheit bzw. Verstrickung in Wirkungszusammenhänge, die überpersonal und überzeitlich wirken. Beispielsweise esse ich gelegentlich gern ein Schnitzel. Dabei habe ich allerdings zumindest eine ungute Ahnung davon, dass dieses Tier zuvor in einer Weise gelebt hat bzw. gehalten wurde, wie es der Schöpfer vermutlich nicht vorgesehen hat. Weiterhin waren in der sogenannten Produktionskette eines Schnitzels an mehreren Stellen Menschen beteiligt, die keine fairen Arbeitsbedingungen haben oder gerechte Löhne erhalten. Das Schwein hat zudem Futter gefressen, dass aus Südamerika importiert und für dessen Anbau in verbrecherischer Art und Weise und mit den entsprechenden Langzeitfolgen für das Klima auf unserem Globus Regenwald abgeholzt, Unmengen von Pestiziden in den gerodeten Boden eingebracht und indigenen Völkern der Lebensraum gestohlen wurde.

Habe ich nicht dafür eine Mitverantwortung, wenn ich ein Schnitzel esse? Wir müssen an dieser Stelle keinen Diskurs über vegetarische Ernährung vertiefen; es soll nur darauf hingewiesen werden, dass es anonyme Strukturen gibt, in die ich eingebunden bin, und sich insofern Fragen nach meiner „Mittäterschaft" stellen, die nicht einfach von der Hand zu weisen sind. Es gibt nicht nur eine Schuld in meinem Nahbereich, die sich direkt auf mein Tun meinem Nächsten gegenüber zurückführen lässt. Es gibt auch ökologische, soziale und historische Schulden, an deren Aufhäufung ich beteiligt bin und deren Opfer ich Zeit meines Lebens nie zu Gesicht bekomme. Wir erhoffen im Gericht, dass der Richter all die Ungerechtigkeiten unserer Welt und schreiendes Unrecht der Geschichte wiedergutmacht. Harmlos wird das aber vielleicht nicht sein.

Absoluter Nullpunkt

Wenn es schon schwierig ist, zur Frage der Existenz der Hölle überhaupt etwas auszusagen, dann wird es noch viel schwieriger, über die Beschaffenheit der Hölle etwas Sinnvolles zu sagen. Frühere Generationen haben sich das höllische Geschehen sehr plastisch ausgemalt. Nicht selten scheint dabei ein Blick in zeitgenössische Folterkammern die Inspiration solcher Höllenqualen gewesen zu sein. Biblisch spielt das Bild des Feuers und eines damit verbundenen großen Hitzeinfernos eine wichtige Rolle, wenn wir z.B an den Feuersee in der Offenbarung denken. Theologisch ist man heute deutlich zurückhaltender und belässt es zunächst dabei, den höllischen

Zustand als *„Getrenntsein von Gott“* und damit „Getrenntsein von Liebe“ zu bezeichnen. Zur Frage dieses Kapitels „Wie heiß ist die Hölle?“ würde ich dennoch eine Antwort anbieten wollen: –273,15° C. Vielleicht sind Sie nochmals verblüfft und natürlich ist diese Antwort nicht wörtlich zu verstehen. Gleichwohl verbindet sich mit dieser Zahl eine Symbolhaftigkeit, die dem Zustand der Hölle vielleicht mehr Aussagekraft verleihen kann als das Bild von Hitze und Feuer. Dazu nochmals ein kurzer Ausflug in die Naturwissenschaften.

In unserem Kosmos gibt es keine Obergrenze für Temperatur. In unserer Sonne ist es etwa mehrere Millionen Grad heiß und es gibt Objekte in den bekannten Galaxien, die noch wesentlich heißer sind. Selbst wenn wir den heißesten Ort des momentan beobachteten Kosmos exakt lokalisieren und messen könnten, ist es durchaus denkbar, dass es Konstellationen gibt, die noch höheren Temperaturen hervorbringen. Man kann sagen, dass es prinzipiell unendlich heiß werden kann. Es kann aber nicht unendlich kalt werden. Es gibt einen absoluten Nullpunkt und der ist erreicht bei –273,15° C. In Relation zu den Größenordnungen von gemessener Wärme kommt man überraschend schnell an das unterste Ende unserer thermometrischen Skalen. Wärme und Kälte sagen etwas aus über das Energieniveau einer Umgebung. Im Alltag sind uns die unterschiedlichen Aggregatzustände von Wasser am geläufigsten. Bei Zimmertemperatur befindet sich Wasser im flüssigen Zustand, das heißt die Molekülbindungen sind recht lose und flexibel, garantieren aber einen gleichwohl verlässlichen Zusammenhalt. Steigt die Temperatur über

100° C, verlieren Molekülbindungen die bisherige Qualität und das flüssige Wasser wechselt in den gasförmigen Zustand von Wasserdampf. Fällt die Temperatur dagegen unter 0° C, verfestigen sich die Molekülbindungen zu Eis. Jedes bekannte Element hat diese beiden Temperaturpunkte, den Siedepunkt und den Schmelzpunkt, an denen ein Element jeweils seinen Aggregatzustand wechselt – von flüssig zu gasförmig oder von flüssig zu fest. Es gibt nun einen Temperaturpunkt, an dem alles fest geworden ist und es nichts Flüssiges oder gar Gasförmiges mehr gibt: der sogenannte absolute Nullpunkt; der eben bei –273,15° C liegt. Es kann nicht kälter werden. Es ist dann alles erstarrt – keine Energie mehr, keine Bewegung von Molekülen. Man könnte diesen Zustand auch eine Spur poetischer ins Wort bringen: keine Wärme, keine Begegnung, keine Beziehung, keine Kommunikation – alles starr, in sich selbst verhärtet und unerreichbar für Zuwendung, Verzeihung oder irgendeinen anderen Austausch. Wenn wir über die Beschaffenheit der Hölle metaphorisch spekulieren wollen, dann scheint mir das Bild vom absoluten Nullpunkt das eher zu treffen, was ein „Getrennsein von Gott" meint, als die Bildwelt infernalischer Hitzequalen. Interessanterweise findet sich bereits bei Dante Alighieri eine solche Affinität von Hölle und Kälte. In seinem Werk „Die göttliche Komödie" wird der Dichter von seinem antiken Kollegen Vergil durch die verschiedenen Ränge der Hölle geführt und bekommt mit Grausen vor Augen geführt, welche verschiedenen Strafen und Marter für die Sünder dieser Welt vorgesehen sind – je nach Schwere und Charakter ihrer Vergehen. Ganz am Ende ihres Ganges in die Tiefen der Hölle, auf dem Grund dieses furchtbaren Ortes, wohnt der Teufel selbst: Und sein Habitat, wenn man das so sagen darf, bildet ein See aus Eis.

Probleme der Hölle für den Himmel

Am Anfang des dritten Kapitels war die Rede davon, dass sich bei weiterem Nachdenken über die Hölle schwierige, ja, vermutlich theologisch nicht lösbare Probleme stellen. Darauf soll in diesem Abschnitt eingegangen werden. Kurz und etwas untheologisch formuliert lautet eine erste Frage: Kann es einen Himmel geben, wenn nur ein Mensch in die Hölle geht? Auch wenn diese Frage semantisch eher unterkomplex scheint, steckt darin doch eine gehörige Sprengkraft. Ich kann mich daran erinnern, wie wir in einer mündlichen Abiturprüfung (ich habe einige Jahre katholische Religion an einem Gymnasium unterrichtet) diesen Punkt in den Fokus bekommen haben. Es ging grundsätzlich um das gesamte Feld der Eschatologie und wir sprachen über das bereits zitierte Wort von Gisbert Greshake: „Es gibt die Hölle. Aber sie ist leer." Von diesem Gedanken ausgehend, fragten wir die Abiturkandidatin, ob sie sich persönlich vorstellen könne, dass jemand in der Hölle sei. Nach kurzer Überlegung gab sie die uns zunächst erstaunende Antwort: „Ja, vielleicht ist Friedrich Nietzsche in der Hölle." Zur Einordnung dieser Antwort muss kurz der Kontext dieser Prüfung erklärt werden. Eine mündliche Abiturprüfung dauerte 30 Minuten und musste stets zwei Halbjahresthemen aus den zwei Jahren Oberstufenzeit abdecken. Diese Prüfung war so vorbereitet, dass im ersten Teil das Halbjahresthema Eschatologie abgeprüft und im zweiten Teil das Halbjahresthema Religionskritik abgefragt wurde. Friedrich Nietzsche war als prominenter Religions- und Christentumskritiker des 19. Jahrhunderts im Unterricht ausführlich behandelt worden und die Abiturkandidatin vermutete hinter der Frage nach potenziellen Bewohnern der Hölle vermutlich eine Überleitung vom ersten Teil der Prüfung (Eschatologie) zum zweiten (Religionskritik). Wie dem auch sei, mit dieser Antwort, Nietzsche könnte in die Hölle gegangen sein, bot sich das Feld, über die Konsequenzen eines solchen Schrittes nachzudenken.

Nehmen wir also an, dass Friedrich Nietzsche in freiem Entschluss und in konsequenter Fortsetzung seines atheistischen Weltentwurfs tatsächlich die Hölle gewählt hat. Und nehmen wir weiterhin an, dass seine Mutter im Himmel ist. Stellt sich dann nicht ein Problem? Wir kommen zwar erst im letzten Kapitel auf den Himmel zu sprechen, aber wir können an dieser Stelle ja bereits vorläufig vom Himmel sprechen als einem Ort bzw. besser als einem Zustand der vollkommenen Vollendung unseres Lebens. Zum Leben von Nietzsches Mutter gehörte zweifellos ihr Sohn. Wenn der nun nicht im Himmel ist, kann es für seine Mutter dann überhaupt eine Vollendung geben? Kann es für sie einen Himmel ohne ihren Sohn geben? Diese Problematik zieht noch weitere Kreise. Nehmen wir beispielsweise an, Mutter Nietzsche hatte eine Freundin aus Kindertagen. Diese Freundin hat Friedrich nie kennengelernt und insofern fehlt er ihr im Himmel zur Vollendung nicht direkt. Aber wird es der Freundin von Mutter Nietzsche gleichgültig sein können, wenn dieser ihr Friedrich fehlt? Fehlt dann nicht der Freundin von Mutter Nietzsche ebenfalls etwas zu ihrer eigenen Vollendung? Dieses Gedankenspiel ließe sich noch beliebig fortsetzen. Der Kern des Problems, das wir in der Abiturprüfung in den Blick bekamen, besteht etwas abstrakter formuliert also in folgendem Gedankengang: Himmel bedeutet die Vollendung meines Lebens als Ganzes. Zu meinem Leben gehören all die vielfältigen, mal intensiveren und mal flüchtigeren Begegnungen und Beziehungen zu anderen Menschen; sie haben mich zu der Person gemacht, die ich geworden bin. Die anderen Menschen meines Lebens hatten ihrerseits noch viel mehr Begegnungen und Beziehungen zu Menschen, die ich selbst gar nicht kannte, die aber doch insofern mittelbar mit mir verbunden sind – denken wir an das Schema von Zeit(strahl) und Ewigkeit. All diese Begegnungen und Beziehungen bedürfen im Himmel vielleicht einer Heilung, jedenfalls einer Vollendung. Wenn nun ein Mensch im Himmel fehlt, wie kann dann das Leben seiner Mitmenschen, die ihm direkt oder mittelbar verbunden waren, vollendet werden? Dieser Mensch fehlt und reißt gleichsam eine Bresche in die Solidargemeinschaft der Menschheit, die direkt und indirekt über alle Zeiten hinweg miteinander in Verbindung steht. Wie ist dann noch Vollendung möglich? Man könnte – ausgehend vom Gedanken einer „leeren Hölle" – die beunruhigende Vorstellung haben, dass eine „bewohnte Hölle" die Aussicht auf einen Himmel als Ort der vollkommenen Vollendung aller Menschen grundsätzlich verunmöglicht. Es gab in der Kirchengeschichte daher schon sehr früh eine theologische Position, die das

Geschehen des Gerichts am Ende der Tage als „Allversöhnung“ (griech. Apokatastasis) gedacht hat. Eine Hölle kann es nach diesem Ansatz nicht geben. Angesichts der unendlichen Liebe Gottes wird die ganze Menschheit und jeder Einzelne sich überwältigt dieser Liebe öffnen. Für die Allversöhner ist es schlicht nicht denkbar, dass jemand die Verdammung wählt, wenn es doch die Einladung in die himmlische Vollendung gibt. Diese theologische Position konnte sich allerdings in frühen Jahrhunderten lehramtlich nicht durchsetzen, weil sie den Aspekt der menschlichen Freiheit nicht hinreichend würdigt. Der Mensch ist und bleibt frei – er hat die Option, sich gegen den Himmel zu entscheiden, wie unwahrscheinlich uns dies auch erscheinen mag.

Eine zweite, abgründige und theologisch nicht befriedigend lösbare Frage ist: Kann es im Gericht eine Vollendung durch Gottes Vergebung an den Opfern vorbei geben? Dass Schuld zu unserem Leben gehört, haben wir bereits ausgeführt; schuldig werden wir sowohl im direkten Tun und Lassen den Menschen unseres Nahbereichs gegenüber wie auch gegenüber Menschen, die wir zwar gar nicht kennen, die aber gleichwohl unter den Folgen unserer Lebensweise litten, leiden oder leiden werden. Schuld(en) aufzuheben oder Schuld zu vergeben, ist allerdings vielleicht schneller gesagt als getan. Kann der Richter dem Täter vergeben, ohne dabei nicht auch die Opfer gehört zu haben? Ist Vergebung und Vollendung im Gericht nicht ein Geschehen zwischen Dreien – dem Richter, dem Täter und dem Opfer? In juristischen Kontexten der diesseitigen Welt ist der Gedanke eines Täter-Opfer-Ausgleichs stets von zentraler Bedeutung. Darin kommt dem Opfer eine aktive Rolle der Mitwirkung zu. Was ist, wenn das Opfer nicht vergeben kann? Ich erinnere mich an eine Veranstaltung im interreligiösen Dialog, in der christliche und jüdische Theologen ihre Vorstellungen austauschten über ein Leben nach dem Tod, Himmel und Hölle, Vergebung und Bestrafung. An dieser Stelle angekommen, an der es um die Frage nach Vergebung und Einbeziehung der Opfer ging, war naheliegenderweise der Kontext der Schoah präsent. Die jüdische Perspektive auf diesen Zusammenhang warf die Frage auf: Werden die Opfer der Geschichte nun ein zweites Mal zum Opfer, weil sie gleichsam in passiv-stummer Zeugenschaft der überreichen Gnade des Richters zur Vergebung „gezwungen" sind oder sie erdulden müssen? Oder denken wir in unserer christlichen Eschatologie die aktive Mitwirkung der Opfer im Gericht mit? Und wenn ja, gilt da nicht auch die Freiheit aller Beteiligten, sich dafür oder dagegen zu entscheiden? *Muss* ein Opfer seinem Mörder oder Peiniger verzeihen? Und ist nicht ein Denken von Vergebung zwischen Dreien – Richter, Täter und Opfer – noch zu klein gefasst? Es litten und leiden ja nicht nur die direkt betroffenen Opfer, sondern ebenfalls die Menschen, die dem Opfer verbunden waren. Ein Mörder tötet nicht nur einen Menschen, er nimmt dessen Angehörigen beispielsweise Tochter oder Sohn, Vater oder Mutter, Bruder oder Schwester, Freund oder Freundin. Eine befriedigende Antwort kann man Menschen, die auf der Opferseite der Geschichte stehen, kaum geben, ohne Gefahr zu laufen, als zynisch oder zumindest unempathisch erlebt zu werden. Es bleibt die Hoffnung, dass der

Richter, der selbst als Gerichteter auf der Opferseite der Geschichte stand, die Herzen aller erreicht – die der Täter ebenso wie die der Opfer.

Der Essener Theologe Franz-Josef Nocke verwendet für das erlösende Heilen Gottes ein Bild aus unserer Erfahrungswelt, das einerseits durchaus einprägsam ist, andererseits aber eine gewisse Ratlosigkeit zurücklässt, ob das Beispiel in all seinen Facetten treffend ist. Stellen wir uns vor, wir sind im Winter auf dem Fahrrad unterwegs und haben unsere Handschuhe vergessen. Es ist klirrend kalt und der Weg dauert deutlich länger, als wir kalkuliert hatten. Wir radeln scheinbar endlos durch den Frost, fast spüren wir unsere Hände nicht mehr und sind am Ende kaum mehr in der Lage, unsere Finger zu bewegen. Endlich zu Hause angelangt, steigen wir eiligst vom Rad, streben mit unseren steifgefrorenen Händen ins Haus und halten sie an den warmen Ofen oder die Heizung. Was passiert? Jeder, der so etwas schon erlebt hat, wird sich erinnern. Es kribbelt ausgesprochen unangenehm in den Fingern, ja, es schmerzt sogar für einige Augenblicke, bis das Blut endlich wieder die Gefäße weitet und wärmt. Wenn wir im Leben kalt geworden sind, wenn wir ein Leben geführt haben oder führen mussten, das nicht gut durchblutet, von Wärme und Liebe durchströmt wurde, dann kribbelt, ja, dann schmerzt vielleicht die Begegnung mit der wärmenden Liebe Gottes. Eigene Verhärtungen lösen zu lassen, ist kein harmloser Prozess. Medizinisch bzw. physiologisch ist es sogar denkbar, dass die Finger nicht mehr zu retten sind und abgefroren sind, wenn wir zu lange schutzlos Kälte und Frost ausgesetzt waren. Das Bild von Franz-Josef Nocke hält also in gewisser Weise eine unumkehrbare, nicht mehr rettbare Option des Ausgangs bereit. Die Kraft der rettende und wärmende Liebe Gottes sollten wir von dieser Option ausnehmen. Wir spüren aber an der Schwelle zum Himmel, dass der Eingang bestimmt weit offen, das Eintreten und Sich-Wandeln-lassen aber gewiss nicht harmlos sein müssen.

Was tut man im Himmel gegen die Langeweile

Wir haben den Himmel in den bisherigen Kapiteln bereits etliche Male inhaltlich berührt. Wir haben über das Wiedersehen nachgedacht und über die Vorstellung eines solchen Modus – verklärte Leiblichkeit und Ostern kamen zur Sprache. Dass Himmel mit Vollendung und Vollkommenheit zu tun haben müsste, ebenso mit Vergebung und Gerechtigkeit, ist bereits bearbeitet worden. Wir haben sozusagen an einigen Stellen in den Himmel geschaut, obwohl wir noch davorstanden, die Zulassungsbedingungen diskutierten und das Problem umrissen, ob es noch eine andere Option außer dem Himmel geben könnte, sollte, dürfte oder müsste. Nachdem wir nun diese und die weiteren Fragen und Probleme hin und her bewegt haben, ist es zum Ende dieses kleinen Buches vielleicht an der Zeit, nach dem zweifelnden Umherlaufen die Beine hochzulegen und sich – zumindest für einen Moment – der Vorstellung hinzugeben, dass am Ende doch alles gut ausgehen könnte und sich unsere Ängste, Bedenken oder etwaige Rachefantasien in friedvolles Wohlgefallen auflösen.

Wenn es einen Himmel gibt, wird es ein wunderbarer Ort sein, an dem es nichts mehr zu Mäkeln geben sollte. Manchen Leserinnen und Lesern wird das aber zu lakonisch bleiben. Können wir nicht etwas Genaueres sagen? Gibt es nicht ein Schlüsselloch, durch das wir hindurchspähen könnten, damit unsere gespannte Vorfreude vielleicht ein wenig gesteigert wird, weil wir Menschen im Allgemeinen ja so schlecht abwarten können?

Moderne Missverständnisse

Biblische Bilder für den Himmel, für die Vollendung bei Gott, sind sehr vielfältig und bedienen sich dessen, wonach wir im Leben streben und was uns glücklich macht. Häufig ist die Rede vom Hochzeitsfest oder vom Festmahl. Bei diesen besonderen, keineswegs alltäglichen und feierlichen Anlässen geht es im Allgemeinen sehr sinnenfroh und ausgelassen zur Sache – jedenfalls sollte es so sein. Überschwang, essen, trinken, tanzen, kurz: feiern, als ob es kein Morgen gäbe. Solche Assoziationen sind es, die sich hoffentlich bei uns einstellen, wenn wir an Hochzeiten und Festmahle denken. Ein anderes Bild der Bibel ist das einer neuen Stadt. Hier wird in gewisser Weise auf die gesellschaftlich-politische Dimension unseres Lebens angespielt. Der Himmel ist ein Ort, der anders funktioniert als unsere Sozialwesen. Wir gehen auf neuen Wegen, durch andere Straßen, nach anderen Regeln. Die Leben spendenden Ressourcen sind nicht mehr

Sonne oder Mond, sondern Christus selbst. Der Himmel ist von göttlicher Architektur, die sich von allen Architekturen unserer Gesellschaften fundamental unterscheidet. In gewisser Weise verwandt mit dem Bild der neuen Stadt, und dabei doch eine andere Dimension einspielend, ist das Bild vom Haus des Vaters, in dem es viele Wohnungen gibt. Der Himmel ist ein „Ort", der auch und selbst für mich ganz persönlich einen besonderen Platz bereithält. Meine Existenz geht nicht unter oder verloren; vielmehr bin ich eingeladen, meinen Platz auszufüllen. Ich behalte eine Adresse und bleibe erreichbar. Schließlich kennt die Bibel noch ein ausgesprochen schönes Bild, nämlich das des Schoßes. Im Schoß liegen oder auf dem Schoß sitzen – das ist ein wirklich ganz besonderer Platz. Wer den bekommt, der steht absolut im Mittelpunkt der Aufmerksamkeit. Es ist aber gar nicht nur auszeichnende Wertschätzung, es ist noch viel mehr, was sich mit dem Bild des Schoßes verbindet. Hier geht es um Intimität, Zuneigung, Geborgenheit und Nähe. Im Allgemeinen wollen wir eigentlich gar nicht mehr vom Schoß runter, wenn wir denn endlich auf diesem Platz gekommen sind. Wie sollte es da im Himmel langweilig werden?

Mir fiel vor etlichen Jahren ein bemerkenswerter Satz von Gunter Sachs in die Hände. Er schrieb gegen Ende seines Lebens: „Ich habe die meisten Dinge, von denen ich geträumt habe, erlebt und verwirklicht. Dafür danke ich dem Schicksal. Ich wünsche mir keine Vollendung." Darüber habe ich länger nachdenken müssen. Kann es sein, dass wir ein Leben führen, in dem es keine offenen Fragen, keine zu kurz gekommenen Bedürfnisse, keine unerfüllten Sehnsüchte mehr gibt? Oder kann es sein, dass uns unser Leben durchaus viele verschiedene interessante, gar berauschende Erlebnisse geboten hat und wir die dunklen Seiten des Lebens weniger im Sinne eines äußerlichen Mangels und eines unerfüllten Wunsches erleben, sondern eher im Sinne des Überdrusses in der Fülle? Materielle Privilegien können uns über viele Probleme hinweghelfen, die das Leben weniger oder gar nicht privilegierter Menschen so entbehrungsreich machen. Wenn mir äußerlich nichts fehlt, mir vielleicht sogar fast unbegrenzte Entfaltungsmöglichkeiten zu Gebote stehen, bin ich zwar einerseits der alltäglichen Sorge ums Leben enthoben. Andererseits stellen sich die Fragen nach dem Sinn meines Daseins nicht weniger aufdringlich. Wenn ich dabei den Sinn meines Lebens ausschließlich in dem Bedienen meiner ganz persönlichen äußerlichen Bedürfnisse erkenne, kann am Ende eines Lebens offenbar tatsächlich die Bilanz gezogen werden: Mission erfüllt, mein Leben ist fertig. Da kann dann nichts mehr kommen, was ich nicht schon kenne. Dinge zwei-, drei- oder zigmal zu erleben, wäre früher oder später langweilig. Wir würden der ursprünglich als Freuden erlebten Dinge irgendwann überdrüssig. Der Himmel kann doch aber nicht bloß eine Art Schlaraffenland sein.

Augenblicke und Erfüllungen – paradiesische Zustände

Es sind im Verlauf des Buches einige Theologen genannt worden, die im 20. und 21. Jahrhundert für die Fortentwicklung unserer eschatologischen Vorstellungen sehr wichtig waren. Zur Frage, wie wir uns den Himmel vorstellen können, sei am Ende ein Theologe in einer etwas ausführlicheren Passage wörtlich zitiert; ein Beispiel unverwechselbarer theologischer Prosa:

„Offenbar gibt es da einen Widerspruch in unserer Haltung, der auf eine innere Widersprüchlichkeit unserer Existenz selbst verweist. Einerseits wollen wir nicht sterben, will vor allem auch der andere, der uns gut ist, nicht, dass wir sterben.
Aber andererseits möchten wir doch auch nicht endlos so weiterexistieren, und auch die Erde ist dafür nicht geschaffen. Was wollen wir also eigentlich? Diese Paradoxie unserer eigenen Haltung löst eine tiefere Frage aus: Was ist das eigentlich ‚Leben'? Und was bedeutet das eigentlich ‚Ewigkeit'? Es gibt Augenblicke, in denen wir plötzlich spüren: Ja, das wäre es eigentlich – das wahre ‚Leben' – so müsste es sein. Daneben ist das, was wir alltäglich ‚Leben' nennen, gar nicht wirklich Leben. Wir möchten irgendwie das Leben selbst, das eigentliche, das dann auch nicht vom Tod berührt wird; aber zugleich kennen wir das nicht, wonach es uns drängt. Wir können nicht aufhören, uns danach auszustrecken, und wissen doch, dass alles das, was wir erfahren … können, dies nicht ist, wonach wir verlangen. … Das Wort ‚ewiges Leben' versucht, diesem unbekannt Bekannten einen Namen zu geben. Es ist notwendigerweise ein irritierendes, ein ungenügendes Wort. Denn bei ‚ewig' denken wir

an Endlosigkeit, und die schreckt uns; bei Leben denken wir an das von uns erfahrene Leben, das wir lieben und nicht verlieren möchten, und das uns doch zugleich immer wieder mehr Mühsal als Erfüllung ist, so dass wir es einerseits wünschen und zugleich doch es nicht wollen.
Wir können nur versuchen, aus der Zeitlichkeit, in der wir gefangen sind, herauszudenken und zu ahnen, dass Ewigkeit nicht eine immer weitergehende Abfolge von Kalendertagen ist, sondern etwas wie der erfüllte Augenblick, in dem uns das Ganze umfängt und wir das Ganze umfangen.
Es wäre der Augenblick des Eintauchens in den Ozean der unendlichen Liebe, in dem es keine Zeit, kein Vor- und Nachher mehr gibt.
Wir können nur versuchen zu denken, dass dieser Augenblick das Leben im vollen Sinn ist, immer neues Eintauchen in die Weite des Seins, indem wir einfach von der Freude überwältigt werden. So drückt es Jesus bei Johannes aus: ‚Ich werde euch wiedersehen, und euer Herz wird sich freuen, und eure Freude wird niemand von euch nehmen' (Joh 16,22)."
(Benedikt XVI., Enzyklika „Spe Salvi", 2007)

Nicht nur mit der Kunst der Sprache versuchen wir Menschen, uns dem Geheimnis einer himmlischen Existenz zu nähern; es gibt auch Bilder, die uns etwas vermitteln können von der überraschenden Freude und der zutiefst friedvollen Geborgenheit, auf die wir im Himmel hoffen dürfen.

Diese drei Seligen finden sich im Fürstenportal des Bamberger Doms. Das Relief zeigt eine Darstellung des Jüngsten Gerichts, was wir im Aufbau bereits in der Einleitung kennengelernt haben. Christus, der Weltenrichter, trennt die Menschheit und schickt die Verdammten, (darunter wiederum Könige und Bischöfe) in Ketten vom Teufel weggezerrt, nach links, und lädt die seligen Geretteten an seine Rechte. Diese drei kleinen Mönche stehen in der Szenerie ganz rechts – die Seligsten der Seligen, die sich uns Betrachtenden zuwenden und nicht den Eindruck machen, als sei es langweilig im Himmel.

Das folgende Relief in einer französischen Kathedrale zeigt die Erschaffung Adams. Paradiesische Zustände!

Grenzen unserer Vorstellung(en)

Dass wir in der Theologie immer wieder an Grenzen des Begreifens und Vorstellens kommen, finde ich ausgesprochen beruhigend. Es kann gar nicht anders sein, dass Gott als der, der unsere Vorstellungen immer übertrifft, eben nicht mit unseren Vorstellungen, die in Raum- und Zeitkategorien gefangen sind, begriffen oder gar definiert (lat. für „begrenzt“) werden könnte. Bis zu diesen Grenzen des Versteh- und Aussagbaren dürfen wir uns aber lustvoll vorarbeiten und sollten das Denken nicht vorschnell aufgeben. Eine Teilnehmerin in einer Bildungsveranstaltung brachte ihren Denkprozess am Ende des Tages auf die herrliche Formel: „We are still confused. But on a higher level.“ Vertiefende Denkanstöße zum Thema „Himmel“, den sich auszumalen die Menschen zu allen Zeiten umtreibt, bietet Martin Splett mit dem Text an, der sich anschließt. Eine himmlische Spekulation im besten theologischen Sinne!

Schließlich könnten wir danach suchen, ob nicht außerhalb der Theologie gelegentlich sinnfällig ins Wort gebracht wird, was innerhalb der wissenschaftlichen Disziplin als eventuell unterkomplex gelten könnte, aber von tiefer Anschaulichkeit ist. Mit einem solchen Beispiel sei dieses Buch abgeschlossen. Es ist ein Text von Carl Zuckmayer, den ich in einer Zeitung auf den Seiten der Todesanzeigen fand:

„Beim Einschlafen denke ich manchmal:
Was wird mit mir sein,
wenn ich nicht mehr aufwache?
Ich denke mir oft, dass ich vor der Geburt
von meiner Mutter umgeben war,
in ihrem Leib, ohne sie zu kennen.
Dann brachte sie mich zur Welt,
und ich kenne sie nun und lebe mir ihr.
So glaub ich, sind wir als Lebende von Gott umgeben,
ohne ihn zu erkennen.
Wenn wir sterben, werden wir ihn erfahren
so wie ein Kind seine Mutter,
und mit ihm sein.

Warum soll ich den Tod fürchten?“

„Alles beginnt mit der Sehnsucht!" – Merkmale himmlischen Lebens

Denkanstöße für Kopf und Herz von Martin Splett

„Alles beginnt mit der Sehnsucht", so die jüdische Dichterin Nelly Sachs. Und alles endet mit der Erfüllung dieser Sehnsucht. Oder vielmehr: Alles vollendet sich. Dann ist das „Leben in Fülle" da (vgl. Joh 10,10), das „ewige" Leben, der Himmel. Dieser Himmel übersteigt unser Denk- und Vorstellungsvermögen. Und doch sind wir nicht einfach ahnungslos, denn Himmelsspuren lassen sich auch auf der Erde finden. Das sind zum einen biblische Spuren: Mit Worten und Taten verkündet Jesus das Himmelreich Gottes. Und nach seinem Tod am Kreuz bestätigen die Erscheinungen des Auferstandenen den ersten Jüngerinnen und Jüngern seine Botschaft von der Macht der Liebe Gottes, auch über den Tod hinaus.

Eine zweite Spur neben der biblischen ist im Herzen des Menschen angelegt: unsere Sehnsucht, unsere Sehnsucht „nach mehr". „The world is not enough", heißt es bei James Bond 007. Beide Spuren gehören für mich zusammen: Jesus hat mit seinen Worten und Gesten Menschen erreicht, weil er ihre Sehnsucht angesprochen und ihnen Hoffnung gegeben hat. Diese Sehnsucht kann uns vom Himmel erzählen, denn von dort stammt sie:

Ich schlage vor, sie als Stimme Gottes zu verstehen. Durch sie „seufzt sein Geist“ (vgl. Röm 8,26).

Als ein inneres Gespür ist die Sehnsucht keine Kopfsache, sondern vielmehr eine Herzensangelegenheit. Mit Musik und Tanz, mit Kunst und Poesie lässt sie sich besser beschreiben und ausdrücken als durch nüchterne Reflexion. Zugleich hilft uns das Denken wie ein Skelett dem Organismus: Fleisch und Blut, vom Herzen durch den Körper gepumpt, machen uns lebendig. Zugleich gibt uns ein Gerüst aus Knochen und Sehnen Halt und Gestalt. Deswegen darf ich die anschaulichen Ausführungen von Frank Buskotte mit ein wenig Sehnsuchtstheologie ergänzen, vom Kopf für das Herz. Wir sind gedanklich nah beieinander, der ein oder andere Unterschied liegt wohl in der Natur der Sache: Noch weiß keiner von uns, wie der Himmel wirklich ist. Wenn ich also nach hinführenden Sätzen zur Sehnsucht einige Überlegungen zum Leben im Himmel wage, dann nicht nach dem Motto „Genau so ist es!“ – wahrscheinlich ist es noch ganz anders und viel toller. Aber darunter mach ich es nicht!

Zugänge zur Sehnsucht

Wie ist nun diese Sehnsucht zu finden, wo begegnet sie uns? Ich würde meinen, unter der Oberfläche unseres Alltagslebens, in der Tiefe unseres Daseins. Dorthin gelangen wir zum einen dann, wenn wir den Himmel auf Erden erfahren. Ich hoffe, Sie finden in Ihrem Leben viele Beispiele dafür: Erwiderte Liebe, ein rauschendes Fest, ein herrlicher Sonnenuntergang, ein wunderschönes

Konzert. Wir sehnen uns danach, dass solches Glück niemals aufhören möge: „An Tagen wie diesen wünsch ich mir Unendlichkeit“, so singen „Die Toten Hosen“. Und doch wissen wir, dass auf Erden nichts von Dauer ist und dass auch das tollste Fest irgendwann langweilig würde.

Wenn uns glückliche Zeiten zu unserer Sehnsucht und in die Tiefe *führen*, so werden wir durch Unglück in die Tiefe *gerissen*. Wo Menschen durch Unrecht, Gewalt, Krankheit oder Tod die Hölle auf Erden erleiden, schreit ihre Sehnsucht zum Himmel: „Das darf nicht sein! So darf das Leben nicht enden!“ – Angesichts erlittenen Unheils wird der Himmel zum Gegenbild eines mitunter traurigen oder sogar tragischen Erdendaseins.

Zwischen Lust und Last, zwischen Lebendigkeit und Leiden liegt noch eine dritte Gruppe von Erfahrungen, die unsere Sehnsucht nach mehr wecken: Mitunter spüren wir mitten in der Normalität oder gar Banalität unseres Alltags so etwas wie Leere oder Langeweile, trotz und in aller Geschäftigkeit. Ob auf dem Weg zur Arbeit, abends auf dem Sofa oder wann auch immer – bisweilen stellt sich einem die Sinnfrage: Aufstehen, arbeiten, schlafen, sich um lauter Dinge kümmern und früher oder später sterben ... Wozu das alles? „Das kann doch nicht alles sein, das kann es doch nicht gewesen sein!“, so ruft uns die Sehnsucht dann zu.

Allerdings darf die Rede vom Himmel gegenüber Leidenden und Gelangweilten nicht zur plumpen oder gar zynischen Vertröstung verkommen, die sie und das Leben nicht ernst nimmt. Wenn wir in Not sind, brauchen wir konkrete Hilfe statt himmlischer Aussichten.

Und überhaupt soll der Mensch als „Erdling“ (so die Übersetzung des hebräischen „Adam“) durchaus das Glück dieser Erde suchen. Der blaue Himmel (engl. „Sky“) hoch über uns darf nicht zu der Annahme verleiten, der göttliche Himmel (engl. „Heaven“) habe nichts mit der Erde zu tun bzw. alles Himmlische geschehe erst jenseits des Todes. Bloße Jenseitsvertröstung widerspricht nicht nur unserer Sehnsucht, sondern auch der Botschaft Jesu von der Himmelsherrschaft Gottes, die in ihrer Fülle noch aussteht und doch schon auf Erden beginnt, wo Menschen Liebe und Heilung erfahren. Gleichwohl kann und darf die Hoffnung auf einen Himmel, der über das Diesseits hinausgeht, durchaus trösten und Kraft spenden.

Gestalten der Sehnsucht

Wenn der Himmel die Erfüllung dessen ist, wonach wir uns sehnen, dann sollten wir schauen, wonach wir uns sehnen, wenn wir uns dem Himmel gedanklich annähern wollen. Trotz großer Unterschiede je nach Person und Lebenslage lassen sich einige allgemeine Grundzüge von Sehnsucht ausmachen; gemeinsam ist ihnen der Drang, die Spannung zwischen einem inneren Anspruch und der erfahrenen Wirklichkeit zu überwinden.

Da wäre zunächst die Sehnsucht danach, aufzubrechen und etwas zu erleben. Sie treibt die Helden in Märchen und Sagen an. Daneben kennen wir die Sehnsucht danach, irgendwo anzukommen, zur Ruhe zu kommen, Heimat zu finden. Im Laufe eines Lebens wechseln diese Sehnsüchte einander oft ab. „Mögen sie ruhen in Frieden“: Diesen Wunsch geben wir den Verstorbenen für den Himmel mit. Zugleich wollen und sollten wir uns den Himmel nicht langweilig, ereignislos vorstellen.

Eine weitere Erscheinungsform von Sehnsucht: Einerseits möchte der Mensch ganz er oder sie selbst sein, einzigartig und frei. Andererseits sehnen wir uns nach Beziehung und Gemeinschaft, werden erst „am Du zum Ich“, leben im „Wir“, wie es der jüdische Denker Martin Buber formulierte. Jesus macht immer wieder mit Zeichenhandlungen deutlich, wie wichtig ihm das Heil und die Integrität jedes Einzelnen ist (etwa bei der Heilung des Mannes mit der verdorrten Hand, vgl. Mk 3,1–6); dafür vergleicht er an anderer Stelle das Himmelreich mit einem Hochzeitsmahl, einem starken Symbol für Freude in Gemeinschaft (vgl. z. B. Mt 22,1–14).

Wahrscheinlich dürften sehr viele Menschen auf die Frage, wonach sie sich sehnen, antworten: „Ich will glücklich sein.“ Es soll uns *gut gehen*, was immer das für den Einzelnen konkret bedeutet – jedenfalls wohl mehr als Gesundheit. Dass „Hauptsache gesund“ letztlich nicht stimmt, wissen vor allem die Gesunden, doch natürlich sehnen sich Kranke danach, gesund zu werden. Zugleich sollen wir *gut sein*, und eigentlich wollen wir das auch, gute Menschen sein, oder? Allerdings zieht auf Erden der Anständige oft den Kürzeren, erscheint der Ehrliche als der Dumme. Himmlisch wäre und ist es, wenn „gut sein“ und „es gut haben“ zusammenfallen; der Philosoph Immanuel Kant nennt das „Glückseligkeit“. Für die Glückseligen erfüllt sich eine zweifache Sehnsucht: zu haben, was wir brauchen, und zu geben, was wir haben. Letzteres mag seltsam klingen, doch vielleicht haben Sie schon einmal erlebt, wie ein Kind gestrahlt hat, weil es jemandem etwas Gutes tun konnte (solange es selbst alles Nötige hat). Im Himmel werden wir hingebungsvoll leben; denn ohne Hingabe keine Liebe und um die geht es letztlich – wie im Himmel, so auf Erden: „It's all about love!"

Wir sehnen uns nach Liebe, d. h. wir wollen geliebt werden und wir wollen lieben. Es macht mich glücklich, ganz bei mir selbst zu sein, aber mindestens genauso, ganz außer mir zu sein, hin und weg zu sein, ganz hingerissen zu sein – von einem Menschen oder in einer Gemeinschaft, aber auch von einem großartigen Gemälde, einer hinreißenden Musik oder von einem fantastischen Naturschauspiel wie zum Beispiel den Niagarafällen, die mich vor Jahren umgehauen haben.

Zur Liebe abschließend zwei weitere Sehnsüchte, die uns eine Ahnung vom Himmel geben: Einerseits sehnen wir uns danach, beachtet und geachtet zu werden, also Ansehen zu haben. Andererseits haben Menschen ein tiefes Bedürfnis zu verehren, was ihnen heilig ist. So war über Jahrhunderte die *visio beatifica*, die glückselige Gottesschau, der Inbegriff des Himmels schlechthin. Unzählige Himmelsdarstellungen in Kirchen und Büchern zeigen, wie die Geretteten gemeinsam mit den Engeln Gott anbeten. Heutzutage dürfte das nicht mehr so viele hinter dem Ofen hervorlocken. Kennen Sie Alois, den berühmten „Münchner im Himmel" aus der gleichnamigen Erzählung von Ludwig Thoma? Nach seinem Tod hatte der schon bald keine Lust mehr auf Harfenspiel und Hallelujagesang, wollte wieder runter von seiner Wolke, ins Wirtshaus ... Doch wie lebendig die Sehnsucht nach Verehrung nach wie vor ist, das zeigen nicht nur religiöse Kulte auf der ganzen Welt, sondern das zeigt sich auch daran, wie Fans ihre Stars („Sterne") anhimmeln oder sogar vergöttern.

Zusammenfassend lässt sich der Himmel also abstrakt beschreiben als ein vollendeter Zustand endgültig erfüllter Sehnsucht nach Liebe und Leben – und diesen Zustand darf sich jeder so anschaulich vorstellen und ausmalen, wie es seiner oder ihrer Sehnsucht entspricht. Zwar ist das Leben kein Ponyhof und der Himmel kein Wunschkonzert. Doch unsere Sehnsucht reicht tiefer als unsere Wünsche. Die Hoffnung darauf, dass diese Sehnsucht nicht ins Leere geht, dass wir uns den Himmel nicht nur träumen, diese Hoffnung hat für Christen ihren Grund in Erfahrungen, die Frauen und Männer mit Jesus von Nazaret gemacht haben: „Denn wenn wir glauben, dass Jesus gestorben und auferstanden ist, so wird Gott die Entschlafenen durch Jesus in die Gemeinschaft mit ihm führen." (1 Thess 4,14) Zugegeben: Beweisen lässt sich das alles nicht, natürlich kann man skeptisch sein. Doch daraus folgt nicht, dass wir nicht vertrauen, glauben, hoffen dürfen …

Himmlisches Leben

Ohne nachfolgend jeden Gedanken ausführlich mit Bibelstellen und lehramtlichen oder theologischen Quellen zu belegen, will ich nun auf den Spuren der Sehnsucht einige Merkmale des christlichen Himmels, des Lebens in Fülle skizzieren. Hierbei sehe ich das Leben diesseits des Todes und das Leben jenseits des Todes nicht als zwei verschiedene Leben, sondern als das eine ewige Leben, für das Gott den Menschen geschaffen hat. Dabei ist das himmlische Leben nicht etwas anderes als das irdische, sondern ebenjenes, nur anders: verwandelt und vollendet. Das Gute wird und bleibt endgültig, das Böse wird vernichtet, ist nicht mehr. Unsere Sehnsucht nach unvergänglichem Glück geht in Erfüllung. Doch endlose Dauer würde irgendwann höllisch langweilig. Darum stelle ich mir unser Leben in der Ewigkeit nicht wie eine unendlich lange Linie vor, sondern eher wie einen Punkt, der alles enthält: Gott bringt das Leben auf den Punkt, die Sache wird rund. Im Folgenden gehe ich an diesem Schaubild entlang:

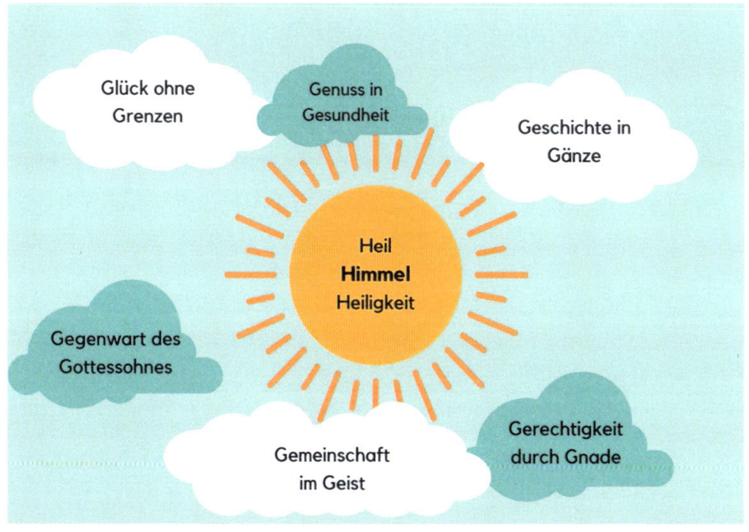

Mit den alten religiösen Wörtern „Heil" und „Heiligkeit" bezeichne ich die beiden Seiten der einen himmlischen Medaille. Heil beschreibt unser Menschsein: Alles Unheile wird heil, alles Vorläufige endgültig, alles Unfertige ganz. Wir sind mit uns selbst im Reinen, aber auch mit anderen und mit Gott. Alles ist gut. Heiligkeit dagegen steht für unser ungetrübtes Bei-Gott-Sein: Im Himmel gibt es keine „Sünde“, d. h. kein Sich-Absondern mehr.

Was charakterisiert nun dieses himmlische Leben, die Erfüllung unserer Sehnsucht?

Glück ohne Grenzen

Es wurde schon mehrfach betont, wie himmelweit das himmlische Glück unser immer nur begrenztes Denken und auch Träumen übersteigt. Zugleich dürfen wir der Botschaft Jesu und den Ostererfahrungen der Jünger trauen – und unserer Sehnsucht, der Stimme Gottes in uns. Wenn uns positive Beschreibungen schwerfallen, so können wir uns dem Himmel indirekt nähern, indem wir ausschließen, was ihm im Weg steht: Es wird keinen Mangel mehr geben, keinen Schmerz, keinen Tod, keine Lieblosigkeit.

Genuss in Gesundheit

Wenn alles Gute bleibt und wenn Genuss und Sinnlichkeit gut sind, dann muss auch der Himmel voll davon sein. Ich finde es durchaus angemessen, sich den Himmel paradiesisch vorzustellen: mit herrlicher Natur, mit leckerem Essen und auch mit Lust und Leidenschaft! Unseren himmlischen Leib haben wir auch zum Genießen. Er ist anders als unser irdischer Körper, das verdeutlichen einige Auferstehungserscheinungen, etwa wenn Jesus durch verschlossene Türen kommt oder zunächst nicht erkannt wird. Andererseits kann er nicht einfach körperlos sein, finde ich, denn das Körperliche und Sinnliche gehören wesentlich zu uns. Gegen das Missverständnis, er sei nurmehr eine Geistseele oder dergleichen, lässt sich Jesus nach seiner Auferstehung berühren und isst mit den Jüngern. Zum himmlischen Leib gleich mehr. Im Himmel wird jedenfalls nichts mehr wehtun. Soweit Auswirkungen von Krankheiten oder Behinderungen zu unserer Identität gehören, werden wir sie wohl behalten wie Jesus die Wundmale – aber sie beeinträchtigen uns nicht mehr.

Geschichte in Gänze

Nach christlicher Vorstellung haben wir keine Seele, vielmehr *sind* wir Seele und haben einen Leib, durch den sie sich ausdrückt, durch den wir leben. In den Glaubensbekenntnissen der frühen Kirche ist von der „Auferstehung des Fleisches" die Rede. Was macht nun unseren verklärten himmlischen Leib aus, abgesehen davon, dass wir durch ihn genießen können? Zur Veranschaulichung versuche ich es einmal mit einem Bild, etwas anderes als Bilder haben wir ja ohnehin nicht:

Ein Portrait aus vielen Einzelbildern. Das Gesamtbild steht symbolisch für ein ganzes Menschenleben, bestehend aus unzähligen einzelnen Momenten, vom Heranwachsen im Mutterleib bis zum Tod. Zusammengenommen („geschichtet") werden diese Momente oder Schichten meines Lebens zu meiner Lebensgeschichte – und die ist dann mein Auferstehungsleib. Im Himmel ist mein ganzes Leben auf einmal da, so wie ein Foto mit vielen Pixeln. Die Ewigkeit des Himmels ist für mich nicht zeitlos, sondern zeitübergreifend. Ein Vergleich

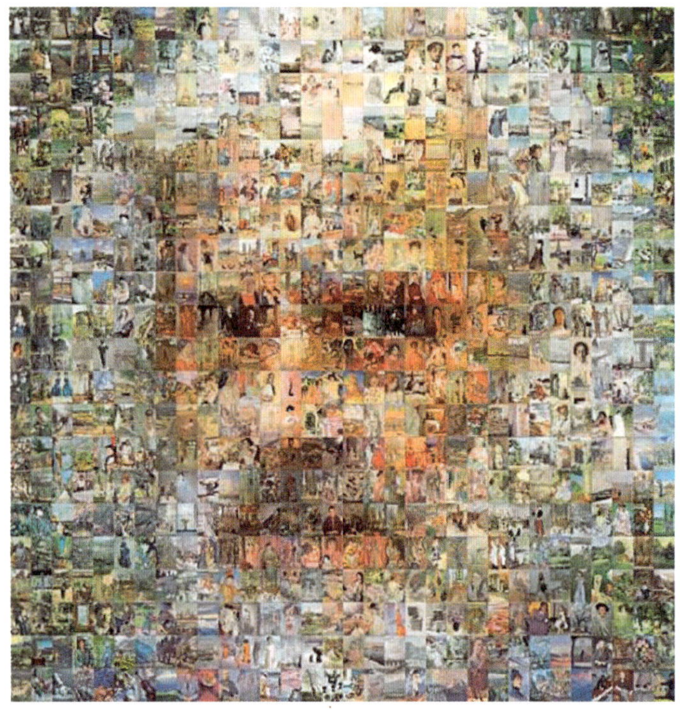

mit räumlichen Dimensionen mag helfen, das Unvorstellbare zu denken: So wie unendlich viele Linien zugleich auf eine Fläche passen, so könnten unendlich viele Augenblicke in eine Ewigkeit passen. Dementsprechend könnte ein Auferstehungsleib unendlich viele Körper beinhalten.

Im Himmel werde ich mit allem sein, was mich im Leben ausgemacht hat – als Kind und als Erwachsener bis hin zum alten Menschen, wenn ich einer werden sollte. Zeit seines Lebens entwickelt sich der Mensch, reift er, wird er immer mehr zu dem, der er ist, philosophisch gesprochen (wobei es auch Rückschritte geben kann). Schon zu Lebzeiten erinnern wir Erlebtes und integrieren es in unser Leben. Im Tod erstellt Gott dann aus den vielen Einzelbildern das Gesamtbild, formt eine endgültige Identität, einen himmlischen Leib. Zu dem gehört alles Schöne, was auf den einzelnen Bildern zu sehen ist, Orte und Beziehungen. Und das betrifft nicht nur Menschen: Keiner wird im Himmel ohne seinen treuen Hund sein oder ohne den geliebten Stoffhasen.

Im Himmel werde nicht geheiratet, entgegnet Jesus den Sadduzäern, die ihn fragen, zu wem nach der Auferstehung eine Frau gehöre, die hintereinander mit sieben Brüdern verheiratet war (vgl. Mk 12,18–27). Denn im Himmel wird das Buch unseres Lebens nicht um neue Kapitel erweitert, sondern die bisher vorläufige Geschichte wird endgültig. Die erste und die letzte Liebe, jede kleine Freude, alles Gute, das in unserem Leben geschieht, vergeht zwar in der Zeit, ist aber nicht nur in der Erinnerung, sondern auch in der Ewigkeit aufgehoben. „Die Liebe bleibt!", so hieß ein Lied von Klaus Lage in meiner Jugend.

Nicht bleiben darf jedoch das Dunkel, all das viele Leid. Unsere ganze (= gesamte) Geschichte muss ganz (= heil) werden. Im Himmel ist es hell, wir werden das „Licht des Lebens haben" (Joh 8,12).

Gerechtigkeit durch Gnade

Das Mosaik des Auferstehungsleibes wird also ohne Makel und strahlend schön sein. Dazu müssen jedoch die dunklen und hässlichen Stellen „bereinigt" werden. Um im Bild zu bleiben: Gott wird mit seinem „Photoshop-Programm der Liebe" über die Bilder gehen – in Bibel und Tradition heißt das „Gericht" oder „Fegefeuer". Allerdings wird Gott bei dieser Bildbearbeitung das Unschöne nicht einfach löschen, nehme ich an; denn auch durch das Leidvolle sind wir geworden, wer wir sind. Und doch: Während auf Erden vieles im Argen liegt, muss im Himmel alles in Ordnung sein. Von alters her war die zuständige Instanz dafür, dass Dinge wieder in Ordnung kommen, das Gericht. Ein Richter richtet die Dinge, sorgt für Gerechtigkeit; dafür richtet er Menschen, bestraft sie. Dagegen macht Jesus mit dem Gleichnis vom barmherzigen Vater und seinen beiden Söhnen deutlich, wie anders Gott vorgeht (vgl. Lk 15,11–32): Er wird jeden als Sohn oder Tochter ohne Vorbedingung in die Arme schließen (= in den Himmel aufnehmen), der bereut, was lieblos war, und der in der Liebe sein will – denn der Himmel besteht ja aus Liebe. Solche Reue wird schmerzen („Fegefeuer"). Zwar bekommt jeder den Himmel geschenkt, aber man kann das Geschenk der Liebe nicht egoistisch „einsacken", sondern nur liebevoll annehmen. Ohnehin kann es ohne die Bitte von Tätern um Vergebung und ohne Versöhnungsbereitschaft von Opfern keinen himmlischen Frieden geben. Vergebung und Versöhnung sind auf Erden wohl nicht immer möglich, aber für Gott und im Himmel ist nichts unmöglich.

Gemeinschaft im Geist

Weil die Lebensgeschichten der Menschen miteinander verwoben sind und weil es im Himmel keine räumlichen und zeitlichen Schranken mehr gibt, deswegen kommt zugleich mit der Geschichte jedes Einzelnen die gesamte Geschichte der einen Menschheit zur Vollendung. In der Zeit sterben wir nacheinander, in der Ewigkeit werden wir gleichzeitig vollendet, die eine Menschheitsfamilie aus lauter Brüdern und Schwestern. Während uns Irdischen die Toten fehlen, vermissen die Menschen im Himmel nichts und niemanden, denn würde ihnen etwas fehlen, dann wäre es nicht der Himmel …

Im Himmel sitzt also keiner allein auf seiner Wolke. Wer uns auf Erden wichtig war, ist uns auch im Himmel nahe. Theologisch gesprochen, sind wir im Himmel alle durch die Liebe verbunden, die Gott selbst ist, sind wir vereint durch den Heiligen Geist. Alle, die im Himmel sind, sind ganz bei Gott, darum sind sie alle „heilig" – nicht nur die großen Gestalten der Kirchengeschichte. Wenn man dann dieses himmlische Volk Gottes „Kirche der Heiligen" nennen will, sollte man sich diese Kirche ohne konfessionelle oder religiöse Schranken vorstellen. Die Weite des Himmels sprengt jede institutionelle oder kulturelle Enge.

Gegenwart des Gottessohnes

Als die Mitte dieser Gemeinschaft der Heiligen wird sich Jesus Christus zeigen, durch ihn zeigt Gott Gesicht, lässt sich sehen. Wir werden sehen, wo und wie er uns zu Lebzeiten begegnet ist: in unseren Mitmenschen etwa, besonders in den Bedürftigen (vgl. Mt 25,30ff.), aber auch in Gottesdiensten und Sakramenten, in Gemeinschaft und in der Natur, in Zeiten der Freude und in Zeiten der Not. Mit diesem Sehen verbinde ich auch ein Einsehen, ein Verstehen. Dabei hoffe ich sehr, dass nicht nur ich mein Leben vor Gott verantworte und ihm überantworte, damit er es heilt und heiligt. Ich erwarte auch umgekehrt von Gott Antworten auf Fragen, die auf Erden offengeblieben sind, wo unser Verständnis nicht ausgereicht hat: Besonders denke ich dabei an die Frage, wozu Gott in seiner Macht und Güte das viele Übel auf der Welt zulässt.

Mein abschließendes Fazit ist also: Wenn wir im Himmel Gott schauen, der „die Liebe ist“ (vgl. 1 Joh 4,8 und 16), werden wir mit hineingenommen in das „Liebesspiel“ des dreieinen Gottes, der seine Liebe durch Sohn und Geist lebt und uns erleben lässt. Als ein Leben und Lieben in Fülle hat der Himmel für uns Irdische noch etwas Zukünftiges. Zugleich hat Jesus von der Krippe bis zum Kreuz und darüber hinaus möglich und deutlich gemacht, dass der Himmel schon jetzt auf Erden anbricht. Es gibt – Gott gibt – Hoffnung für unsere Sehnsucht. Schon hier und jetzt haben wir neben Anlässen zu Sorge und Trauer auch Grund zur Freude, wo und wenn sich Sehnsucht erfüllt – und sei es für einen „Moment, der ewig bleibt“ (so Andreas Bourani im Song „Auf uns“).

Und nachdem der Himmel im Wesentlichen Liebe ist, können wir mit dem Himmel auf Erden anfangen, indem wir lieben. Darum sollen am Ende von Überlegungen zum Himmel, die mit der Sehnsucht begonnen haben, Worte des Apostels Paulus aus seinem Hohelied der Liebe stehen: „Jetzt schauen wir in einen Spiegel und sehen nur rätselhafte Umrisse, dann aber schauen wir von Angesicht zu Angesicht. Jetzt ist mein Erkennen Stückwerk, dann aber werde ich durch und durch erkennen, so wie ich auch durch und durch erkannt worden bin. Für jetzt bleiben Glaube, Hoffnung, Liebe, diese drei; doch am größten unter ihnen ist die Liebe.“ (1 Kor 13,12f.)

Abbildungsnachweise

Abbildung 1: **© akg-images.de**: Michelangelo Buonarroti (1475–1564), Das Jüngste Gericht, 1536–1541, Fresko, ca. 14,83 x 13,3 m, Altarwand, Sixtinische Kapelle, Rom, Vatikan

Abbildung 2: **© akg-images.de**: Stefan Lochner (1410–1452), Das Jüngste Gericht, Das Weltgericht, um 1435, Mitteltafel des Weltgerichtsaltars aus der Laurentiuskirche in Köln. Mischtechnik auf Eichenholz, 122 × 171 cm, Wallraf-Richartz-Museum, Köln

Abbildung 3: **© akg-images.de**: „Ain sermon vo (n) der Beraitung zum sterbe (n)". (Deutsche Ausgabe von „Sermo de praeparatione ad moriendvm"). Augsburg (Jörg Nadler), 1520. Titelholzschnitt, oberer Ausschnitt: Abholung der Seele eines Sterbenden durch einen Engel.

Abbildungen 4/5/6/10: **© via Canva.com**

Abbildung 7: **Mondadori Portfolio / Electa © akg-images.de**; Taddeo di Bartolo, Das Jüngste Gericht, 1393, Santa Maria Assunta Kirche – Dom San Gimignano, Toskana, Italien, Freskomalerei. Detail: Die Hölle – Trägheit

Abbildung 8: Die Seligen, Ausschnitt aus dem Jüngsten Gericht, 13. Jhdt., im Tympanon des Fürstenportals am Bamberger Dom © by 3.0 AndreasPraefcke, **https://de.wikipedia.org/wiki/Datei:Bamberg_Dom_F%C3%BCrstenportal_Tympanon.jpg**

Abbildung 9: **© Helge Burggrabe**, www.burggrabe.de

Abbildung 11: **https://img.xcitefun.net/users/2011/07/258220,xcitefun-art-in-art-4.jpg**, 27.05.2021

Über die Autoren

Frank Buskotte, Dr. phil., ist Direktor der Katholischen Erwachsenenbildung im Bistum Osnabrück und hat Geschichte, Soziologie und Katholische Theologie studiert. Foto: © privat

Martin Splett, Dr. theol., ist Referent für Hospizarbeit und Trauerpastoral im Bistum Osnabrück. Seit vielen Jahren ist er in der Erwachsenenbildung tätig. Foto: © privat